JN077085

メンタルセラピストが教える

自分を
元気にする
ことば

メンタルセラピスト
大学教授
山西敏博

Clover出版

推薦文

　『自分を元気にすることば』は、本当にシンプルなことばばかりを集めていますが、なかなか口に出してまで言わないことばが多く、これらを言い続ければ、必ず人生が好転すると確信しました。

　生きていればつらいこと、悲しいことが、必ず起こります。

　そんな時にこの本を読めば心も晴れ、元気が出ると思います。

　老若男女問わず、どの年代の方でも読めますし、小学校から大学の授業の教材としても十分使える内容だと感じました。

　学校では、現代文や国語の授業はあっても、ことばの使い方や、落ち込んだ時の自身のヘルスケアの方法までは教えてくれません。

　そんな時に、この本は大変役立つと思います。

　その上、その時の精神状態やケースによって、自分に必要なことばを選んで項目ごとに読める大変便利な本だと思います。

　万人が幸せになるための「大人の道徳」の教科書ですかね。

　さすが大学教授が書いた本だと感心しました。

お笑い芸人

ヤセ騎士（ヤセナイト）

＊近い将来、M-1にてグランプリを獲る芸人さんです。
　過去には『エンタの神様』（日本テレビ系）に【魔界岩棲（マカイロックス）】として、出演経験があります。（筆者注）

山西さんとの再会は、「しおりの櫻倶楽部」でのZoomによるオンライン
でした。

　自分は、生まれつきの病気である血友病の治療に使ってきた輸入濃縮血液
製剤によって、HIVに感染するという「薬害エイズ」の被害者として19歳
で実名を公表、国と製薬会社を相手に裁判を戦ってきました。山西さんは当
時、高校教師として、自分が書いた英語副教材『Ryuhei』を使って授業をし、
生徒たちの感想文と応援の手紙を書いて送ってくれました（26年ぶりに
『Ryuhei　Courage to Live it -Making a World to Protect Our Lives-』
を増補改訂出版したのも何かのご縁）。

　あれから26年の月日が経っての再会。共に『万人幸福の栞』（丸山敏雄
著）をテキストに、生活実践を通して地域社会の発展と日本創成に貢献する
仲間となりました。ここに紹介されていることばとエピソードは、自分も含
め、どのように苦難を乗り越え、幸せになるために実践をしてきたのか、と
いうエッセンスを紹介してくれています。倫理を実践するとこうなるのか
と、毎度、実践者の報告を聴いては驚くばかりです。自分が変わること、幸
せの価値観が変わることで、努力をしなくても、他人や社会が変わってくれ
る………。そんなエピソードが溢れています。

　世間一般では、「言霊、ポジティブシンキング」などとも言われますが、もっ
と根源的な心のあり方と、実践によって現れるのですね。山西さんとの出会
いも、まさにその1つだったのではないかと思っています。

　この本を通して、多くの人が幸せになることを願っています。

薬害エイズ原告

参議院議員　川田龍平

はじめに

　数ある書籍の中から、この本を手に取っていただき、本当にありがとうございます。

　ところで、皆さんは、ご自身の「心の支え ── 元気になることば」を持っていますか。

　人によっては、好きな歌の歌詞であったり、有名人の格言であったり、歴史上の人物が発した金言であったりするでしょうね。

　それらのことばによって、つらかった時に、どれほど人生が救われたか。そして、どれほど人生が豊かになっていったことでしょう。

　子どもの頃からなにげなく口にしていたあのことばや、さほど気にも留めずに発していたこのことばが、実はこんなにも深い意味があったのだ ──。そして、改めてそのことばを発したり、心に刻んでおいたりすることで、こんなにも楽しい、嬉しい、素晴らしい気持ちになるのか ── ということを知れば、皆さんの人生はさらに大きく広がっていくことでしょう。

　本書はそのような「元気になることばたち」を 33 個集めてみました。

　どれも筆者がこれまでにも、そして普段から声に出したり、心に留めたり、文字に表したりしながら気持ちの支えにしてきた「ことばたち」です。

　そこには普段使っているなにげないことばも散りばめられています。でも、そのようなありふれたことばだからこそ、かえってより心

に沁みたり、心に刻まれたりするのです。

　どこかで聞いたことのあることばや、言い回しは違っていても、似たようなことばで心の支えとしているものもあるかもしれません。

　そうなんです、心の支えとなる「元気になることば」って、どこにでもあるのです。それを改めてひも解きながら、そこに少し学術的なコラムを交えて、わかりやすく解説をしています。

　これらの「元気になることばたち」を心のよりどころとしながら、毎日の生活を積極的に、前向きに送ってみませんか？

　きっと楽しい日々になることでしょう。

　3年間で総計153もの大学に落とされ続け、不採用となってきました。それでも、私は、これらの「元気になることばたち」を支えに、日々「成功・合格」を確信し続けていきました。そして、総計1回の応募で220ページにも及ぶ「履歴書・研究業績書」を書き続けて、ようやく今の生活を手に入れました。

　日々苦しい中を必死に努力されている皆さんにも、少しばかりですが「ことば」のおすそ分けをしますね。

　これらの「元気になることばたち」で、少しでも元気になって、日常の生活に活力を持っていただければ嬉しいです。

目次

ありがとう!

――どんなことにも感謝する。
その「当たり前」はまったく当たり前ではありません!

　皆さんが、最近「ありがとう!」と言ったのは、いつでしょうか?

　販売や接客の仕事であれば、それこそ毎日数え切れないほど「ありがとうございます」と口に出しているかもしれませんね。しかし、部下やクレームを起こしてくるお客様に対しても自然に使えているでしょうか?　また、プライベートではどうですか?　ご家族や友人に対してはどうですか?

　この「ありがとう」ということばは、もともと、「有り難し(ありがたし)」が語源です。「あることが難しい」、すなわち、「稀に見る出来事」であるからこそ、そのことに感謝をするのです。

　例えば、

　誰かから親切にしてもらう。
　自分の代わりに面倒な仕事をやってもらう。
　自分の悪いところを指摘してくれる。
　反面教師として自分に教えてくれている。
　無償の愛で育ててくれている。
　何かがそこに存在してくれていることで幸せな気持ちになれる。
　水や空気や地球があって自分が生きていられる。
　自分がこの世に生を享けて、今、自分の人生を生きている。

——どれも奇跡的に「有り難い」ことですし、そう思うとすべてのことに感謝したくなります。そして、日々「ありがとう」を言いながら生活すると、毎日が明るく楽しくなりますよね。

　そういえば、「罵声を浴びせ続けて育てた花と、ありがとうと言い続けて育てた花では、その美しさも寿命も違う」という実験がありました。

　科学的な根拠はまったくありませんが、私は、ある意味、一理あるかなという気もします。なぜならば、花が人間のことばを理解しているからではなく、そのように感謝の気持ちを口に出しながら、その人自身が花を大事に育てているからです。

　皆さんも、どのような状況にあっても、心からの「ありがとう！」をぜひ言ってみてください。

つらい時に

――就活やアルバイトの面接で断られて。

「自分のために時間を使ってくれてありがとうございます（心の中の声）」

――体調を崩して。

「無理しすぎていることを体が教えてくれたんだな。どうもありがとう（心の中の声）」

いらっとした時に

――理不尽なクレームをぶつけられて。

「ご指摘ありがとうございます。ご不便をおかけしてしまい、申し訳ございません。どのような問題点がございましたでしょうか？」

感謝している時に

――家族が食事のしたくをしてくれて。

「疲れているのに、いつもありがとう！」

――大事な仕事や試験や試合の日に良い天気になって。

「晴れてくれてありがとう！」

　こんなふうに、どのような時にも、起きた出来事に対して感謝を持ち続けて暮らしていると、ピンチの時でも事態は好転していきますよ！

　脳の中では、「幸せホルモン」と呼ばれる物質があります。「セロトニン」「オキシトシン」「ドーパミン」です。

　ここでは、その1つである「オキシトシン」をご紹介しましょう。
　オキシトシンとは、他者（家族、恋人、友人、ペットなど）に対して、優しく、温かく接した時に活発に分泌されるホルモンです。そのため「思いやりホルモン」とも言われます。
　もちろん、他人に対して「ありがとう！」と感謝する時にもオキシトシンは脳内に出ていることでしょう。感謝している時には、自分も相手に何かしてあげたいという気持ちが自然に湧いてくるからです。

　皆さんもご経験があると思いますが、何かをしてもらった時以上に、自分が相手に何かしてあげて感謝された時のほうが、喜びは大きくありませんか。
　「ありがとう！」のことばをきっかけに、幸せなコミュニケーションを図っていってください。

＊英語でも「まほうのことば」を使ってみよう。
Thank You！ / I Appreciate It！

ごめんなさい……

——素直なことばで自分の非を認めると、人間関係はより改善される

　感謝の次は「謝罪」です。

　仕事などでは、「すみません」「申し訳ございません」といったことばをよく使っていることでしょう。

　では、プライベートではどうですか。やはり、なかなか言えていないのではないでしょうか。もし、その自覚があるとしたら、実際は自分で思っている以上に言えていないと考えたほうがいいのです。

　そんな大人のあなたにぜひ使っていただきたいのが、「ごめんなさい……」ということばです。

　もし、あなたが何かで失敗をしてしまって、相手が怒り心頭に発していたとします。

　その時、あなたが幼少期のことば遣いに戻って「ごめんなさい……」と頭を下げると、相手は怒りをぐっと抑えて、文句は止まることでしょう。なぜなら、このことばは本来、子どもが親や先生に対して使うことばであり、そこには「本当に悪かった……」という素直な意味が含まれているからです。

　例えば、仕事以外の次のような場面で使ってみましょう。

　《大人ことばで無作法に謝るパターン》や《照れ隠しのパターン》も併記しておきますので、その印象の違いを感じ取って、使い分けてみてください。

相手が感情的になっている時に

—— 「いい加減にしてよ。本当に反省しているんですか!?」と責められて。

Aさん

申し訳ございません。私の責任です

いやあ、申し訳ない。自分が悪かった

Bさん

Cさん

ごめんなさい……。僕の責任です

　ちなみに、謝る時には、自分に直接の責任がなくても素直に謝ることが大事です。相手は執拗に怒ることができなくなり、怒りを抑えて、その後の人間関係もスムーズに進んでいくことでしょう。

　自分が悪くないことまで謝って、社会的あるいは経済的に大きな不利益を被ってしまう場合は別ですが、次のような状況では、ミスを帳消しにするだけでなく、あなたの株を上げることにもなるはずです。

自分に直接の責任がない時にも

—— 「待ち合わせに遅れるならもっと早く連絡をしてください。10分前に言われても、こちらはどうにもできないよ!」と言われて。

Aさん

すみません。急病人が出て、電車が緊急停止してしまって……

申し訳ない！　車内で急病人が出て……

Bさん

Cさん

ごめんなさい……。急病人が出て、電車が緊急停止したんです。でも、僕がもう1本前の電車に乗っていれば遅れることもなかったですね……。本当にごめんなさい……

Episode・Column エピソード コラム

　自己肯定感が低くなっている時には、ストレスや不安を司るホルモンである「コルチゾール」や「ノルアドレナリン」が脳内で増えています。

　その状態が続くと、さらに気持ちが落ち込みやすくなり、最悪の場合には「うつ」になってしまうので要注意です。

　もし、あなたが相手に謝罪をしなければいけない状況にあり、そのことを気に病んでいるのであれば、早いうちに「ごめんなさい！」と謝ってしまいましょう。

　話してみれば、相手は、あなたが落ち込むほど怒っていないかもしれません。もし怒っていたとしても、早く、素直に自分の非を認めることで、相手との関係は改善しやすくなります。

　もちろん、どう考えてもあなたに非がないと思える時には、話は別ですよ。まず信頼できる第三者に相談してから謝るようにしましょう。

＊英語でも「まほうのことば」を使ってみよう。
Discretion is the Better Part of Valor !

ついてるなあ！

——どんなことにも
喜びや楽しみや感謝を感じてみよう

例えば……、

- 電車がホームに着いたら、目の前にエスカレーターやエレベーターが あった。

- 交差点に近づいたら、それまでは赤信号だったのに、ちょうど良いタイ ミングで信号が青に変わった。

- 接客したお客様から感謝され、思いもよらず多額なチップをいただいた。

——こんな時、あなたは心の中でこう漏らしているのではないでしょうか。
「やった。ついてるなあ！」

私も同じです（笑）。ただし、私は、それを心の中に留めず、声に出して つぶやいています。こうした小さな幸運にも感謝して、嬉しさをそのつど表 現するようにしているのです。

それだけでも毎日が楽しくなりますが、もう1つ。私は、普通に考えれば ついていない時にも、「ついてるなあ！」と強弁しています。

起きた出来事は、何事も前向きに、そして長期的に捉えるのです。他人が どう思おうと関係ありません。私自身がそれを「ついている」と言えば、そ れは「ついている」のです。

あなたも、ぜひ、こんなふうにお試しください。

ついていない時に

——ワンルームマンションにゴキブリが出て。

Aさん

> 同じ部屋の中にゴキブリがいるんだよ？　怖くて寝られないよ。最悪だよ

Bさん

> それはついてるなあ。あの散らかり放題の部屋を片付けるいいチャンスじゃないか？

——友だちと街中で買い物をしている途中で、苦手な同僚と会ってしまって。

Aさん

> まいったな。あそこに主任がいるよ。せっかくの休日なのに……。いやな気分だなあ……

Bさん

> いや、ついてるよ。笑顔で挨拶すれば、関係が良くなるきっかけになるかもしれない。職場じゃないんだから、相手だって態度が違うはずだからチャンスだよ

Episode・Column エピソード コラム

　「ついてるなあ」と思っている時には前述した、幸せホルモンの１つである「セロトニン」が活性化されています。

　それだけではありません。日常生活の中で「ついてるなあ！」といった小さな喜びをいつも感じていると、「快感のホルモン」と呼ばれる「ドーパミン」もどんどん分泌されます。

　これによって、人は意欲が湧き、さらなる喜びや楽しさを求めて、身の回りのことに関心を持ち、積極的に行動していくのです。

　ざっくりとまとめると、こうなります。

　《マイナスのことが起きる　→　ストレスを感じる　→　ついてるなあと思う　→　セロトニンが出る　→　気持ちが安定し、かつ、得をした気分になる　→　ドーパミンが出る　→　さらに楽しみを求めて行動的になる》

　皆さんも、ぜひこのサイクルを頭の片隅に入れておいてください。

＊英語でも「まほうのことば」を使ってみよう。
How Lucky I Am !

自分で決める！

──生活の張りと人生の充実は、主体的な行動から生まれる

　あなたは、何かで悩んだり、迷ったりした時に、最終的にどうやって自分の行動を決めていますか？

　物事を決断する時には、２通りの行動タイプがあります。

　１つは、他の人に相談して、その人の助言に従って行動する。もう１つは、誰かに相談はするものの、自分で考えて、最終的には自分自身で決定を下す。

　もしも、あなたが「他人の助言に従う」ほうを選ぶタイプである場合──うまくいけば、「ああ、よかった」で済みます。が、問題は失敗してしまった時です。

　「あの人が、こうやれと言ったからやったのに！」と、怒りの矛先は自分にではなく、その方針を与えてくれた助言者に向くことでしょう。

　あるいは、「自分は別の方法のほうがいいと思っていたのに……。ああ、自分で決めたほうをやればよかった」と、後悔することになると思います。

　ひょっとしてあなたにも、思い当たるふしがありませんか？

　大事なのは、【自分自身で決めること】です。

　助言者はしょせん他人です。もちろんあなたのことを考えてくれて、より良い方向へ向かうための助言を与えてくれているのでしょう。でも、それはあくまでも参考意見とすべきです。

　特に、人生の岐路に立った時──進学・就職先、結婚相手、投資の判断、住宅などの大きな買い物、病気の治療などの場合には、必ず自分自身で選択

することが大事です。

　最終的に自分自身で行動を決めていれば、うまくいった時には「ああ、よかった。自分の決めたことは、間違いなかった」という安堵感を抱きます。逆に、失敗してしまった時にも「……仕方ない、自分で選んだことなんだから……」と、怒りの矛先を自分自身に向けるしかなくなります。

　喜ぶのも、悲しむのも、あくまでも自分次第。幸運も失敗も自分で引き受ける。人生の充実は主体的な行動から生まれるのです。

　でも、「言うは易し、行うは難し」です。人はそれほど強くありませんから、現実には、なかなか難しいですよね。

　だから、何かを決断するのに迷った時には、次のように自分に言い聞かせてみてください。

　「自分のことは自分で決める！」と。

まずは決断するのが簡単な場面で

Aさん

今度の食事会はどの店にする？ 俺はどこでもいいし、みんなもそうだろう。ただ、順番から言って、次はイタリアンか、中華かなあ

僕はおいしいイタリアンが食べたいなあ。今評判の『〇〇〇〇〇』はどうだろう？ 僕が予約を取ってもいいよ

Bさん

Episode・Column エピソード コラム

　玉川大学脳科学研究所・鮫島和行工学博士は、「意思決定」に関して脳の仕組みはどのようになるかを説いています。

　それによりますと、二者から選択する際に、物事を決める場面としては、「一回性」という考え方があります。「一回性」とは、その瞬間に１つのものを選んだという行動のことを指します。そして、その際に、「瞬間的に考えて二者択一を決定する場面」と「二者択一に対して、ある程度時間をかけ、検討してから決定する場面」においては、脳を働かせる部分に違いがあると説いています。

　前者では、脳内の「大脳基底核」という回路を用いています。「大脳基底核」とは、運動調節や認知機能、感情、動機づけ、学習などの機能を司る部分です。

　後者では、「大脳皮質」を用いています。「大脳皮質」とは、人間の思考の中枢を担う部分です。

このように、ものを考える時には脳の働きに違いが生じるのです。ちなみに、瞬間的に物事を決める時には、「速読力・速聴力」を高めると、その判断がつきやすい、とも言われています。つまり「動体視力・聴力」が備わっていくからです。

　一方、「うーん、どうしようかな……。わかんないな……」と、迷っている姿を見せることも、時にはあるでしょう。

　こんなふうに少しくらいの判断の遅さは、傍から見ていると、時にはかわいらしさも見え隠れしますよね。でも、物事を決める時に、あまりに時間がかかりすぎると、「優柔不断な人だなあ……」というマイナスの人物評価にもつながりかねません。このようなことを避けるためにも、「速読力・速聴力」も、同時に鍛えてみてはいかがでしょうか。

＊英語でも「まほうのことば」を使ってみよう。
I'm Gonna Decide It by Myself!

今ならまだ!

──終わりを考えてから行動しよう!
周りの後方支援も大切

　物事を決める時に、皆さんはどのようにしていますか。目先のことだけを考えて動くか、それとも後々のことを考えて行動をするか ──。

　さあ、どちらでしょう?

　私はこの年齢になるまで、多くの人と接してきました。

　それは学生時代の友人だったり、企業の経営者だったり、教育者だったり、自分が教える学生だったりしますが、その中で、良い結果を出している人や成功している人の多くは、圧倒的に後者であったと思います。

　だから、あなたにも、「終わりを考えてから始める」といった考え方をお勧めします。特に勉強や仕事、将来の夢を描く際に、この考え方はとても大きな効果を発揮します。

　迷ったり、悩んだり、良い話に飛びつきそうになった時には、自分にこう言い聞かせましょう。

「終わりを考えてから、行動しよう!」と。

子どもと将来の夢について話す時に

母

ねえ、翔太、あなた将来は何になりたいの？

翔太

うーん。僕、まだ決めてないんだ……

母

そう……。だったら、@今の時点で、何になりたいか、大まかに考えてごらん。今ならまだ、夢・希望は叶うわよ

翔太

そうだなあ……。おじいちゃんが病気で苦しんでいた時にお医者さんが治してくれたから、僕もあのお医者さんのような人になって病気で苦しんでいる人を助けたいなあ

母

いいわね！ だったら、お医者さんになるには、どのような勉強をする所がいいかな？

翔太

そうだな……、大学の、お医者さんになる所だね

母

そうね。『医学部』っていうのよ。じゃあ、その A「大学／医学部」に入るには、どんな勉強をしなきゃならないのか、一緒に調べてみましょう

26

うん！……ええっ？　1次試験では、英語と、数学と、国語と、理科が2科目に、社会1科目だって……。しかも、2次試験も!?　2次でも、英語・数学・国語、そして理科が2科目に、面接まで！（＊東大理3の場合）うわあ、こんなにたくさん勉強しなきゃならないんだね

翔太

そうね。お医者さんっていうのは、人の生命を扱う仕事だから、幅広くいろんなことを知っておかなきゃならないのよ。じゃあ、次は、「英語」の試験って、どんな問題が出ているのかな？　一緒に見てみようね

母

うん！　1次試験では、英語は、いっぱい長い英文が書いてあるよ。時間は80分で、ん？　リスニング問題もあるよ、これが60分だって。2次試験はと……、英語は120分……2時間も！　しかも、途中でリスニングが出されるって！

翔太

いっぱい問題を解かなきゃならないんだね……。でも、お母さんの知っているこの大学出身のお医者さん ── おじいちゃんを診てくれていた先生もそうだけど、頭が良いのはもちろん、それ以上にとってもよく患者さんの話を聴いてくれているのよ。だから親切な先生だと評判がいいのよ。B お母さんは、翔太も、あの先生のような立派なお医者さんに、なってほしいなあ

母

うん！　わかった！　僕、一生懸命に勉強して、おじいちゃんを診てくれた先生のような、立派なお医者さんになるよ！　よーし、じゃあ、C さっそく英語の勉強、始めるよ！

翔太

母

うわあ、すごい、翔太！　お母さんも応援するね！

解説をしてみると……

　ちょっと長くなりましたが、今回は下線部について1つひとつ解説していきましょう。

　まず、@「今の時点で、何になりたいか」が「終わりを考える」こととなります。そして大事なことは、「今ならまだ、夢・希望は叶う」という一言です。

　子どもの将来の職業という夢のあるテーマを与えた時に、あまりに現実的なことを考えさせてしまうと、その描き方もずいぶんとちっぽけなものになってしまいます。そうではなく、大きな夢を描かせる、想像させることで、その可能性や広がりは無限のものになっていきます。

　言うなれば、山登りをする際に「エベレスト」を登るつもりでしっかりとした準備を積み重ねていけば、途中で目標の山が変更になって「富士山」になったとしても、規模が小さくなるだけで（それでも日本最高峰の山への挑戦は、決して小さなものではありませんが）、「登山」への準備という目標には変わりありません。より現実味を帯びた形になっていくだけのことです。

　次のA「大学／医学部」に入るには、どんな勉強をしなきゃならないのか、という会話では、先ほどの例では「東京大学理科3類」という、入学試験上日本最難関の国立大学を目指す設定になっています。

　ですが、それが地元の国立大学医学部や、学費の面では大きく異なるものの、私立医科大学に志望校が変更になっていったとしたら、最少で「英語・数学・小論文・面接」となり、ここまで負担が減る

幸せの三段重理論

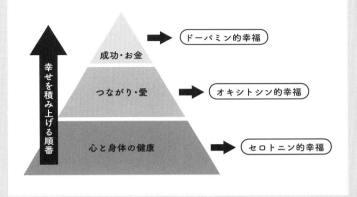

のです。事前の準備を確実にしておけば（終わりを考えてから、行動を起こす）、負担減になったとしても、合格する可能性はかなり大きくなります。

そして、B「お母さんは、翔太も、あの先生のような立派なお医者さんに、なってほしいなあ」という「愛（I：私）・メッセージ」を投げかけることで、あくまでも「お母さんは、翔太君に立派なお医者さんになってほしい」という希望を伝えているだけなのですが、翔太はそれに応える形で、C「さっそく英語の勉強、始めるよ！」と、自主的な勉強に入っています。

なぜならば、翔太君には将来に向けての明確な目標が見えたので、勉強をする意味が見えてきて、やる気にもつながっていったからなのです。

最後に母は、「うわあ、すごい、翔太！　お母さんも応援するね！」と励ましています。

　ここで気づくこととは何でしょう？　そうです。最初から最後まで、母は翔太に「勉強しなさい。そうでないと医者にはなれないよ」という、半ば脅しのような声掛けはしていません。

　あくまでも「一緒に調べてみようね」と、翔太君のやる気を後押しするような寄り添いをしているだけです。

　でも、これが子どもにとってはとてもやる気が出る後方支援となるのです。基本的に子どもは親からほめられると、とても喜びます。そして「お父さん、お母さんが喜ぶなら……」と、やる気を持って行動を起こします。

　ここに記した例は「アドラー心理学：自分と他人との区別をする」や、「愛・メッセージ」、そして「問答法・対話法」という３つの手法が含まれています。これらを総合して後押し（後方支援）をしてあげることで、「終わりを考えてから行動する」という実践が生み出されてくるのです。

　幸せホルモンと呼ばれる物質には、「セロトニン」「オキシトシン」「ドーパミン」があることはすでに書きました（Phrase. 1と3参照）。

　そのうち、オキシトシンの増やし方については、優しく思いやりのあるコミュニケーションをとることだとご紹介しましたね。

　では、残りの2つはどのように増やせばいいのでしょうか。

　それぞれの幸せホルモンを増やすためには、次のような活動や食材が有効だとされています。

- セロトニン ……　短時間でいいので、太陽光を毎日浴びる。大豆食品や乳製品を食べる。
- ドーパミン ……　小さな目標を達成する。大豆食品や乳製品を食べる。

　このように、「幸せホルモン」というのは、「焼肉屋」にではなく（笑）、身近に自分の家庭や、お店で買ってこられる食材で、十分にまかなうことができます。

　そして、家の外に出て散歩や日光浴をしましょう。

　本文にもあるように、もしあなたに大きな目標があるならば、そこから逆算して小さな目標を段階的につくり、それらを1つずつ達成していくようにしてください。

　ドーパミンが出て、さらにやる気が出てきます。

＊英語でも「まほうのことば」を使ってみよう。
Life is What You Make It.

大事なことから
始めよう
──人生を豊かにする優先順位

　物事を決める時に、皆さんはどのようにしていますか。目先のことだけを考えて動くか、それとも後々のことを考えて行動をするか──。

　さあ、どちらでしょう？

　あれ？　これは前の項目と同じ書き出しですよね。混乱した方もいらっしゃるかもしれません。

　でも、手抜きではありません。わざとやっているのです。

　というのも、私たちの毎日の行動には似たような動きが多いからです。いつもやっていること、普通に身の回りで起きていること、特に意識しなくてもできてしまうこと、特に急がなくてもいい仕事……。英語では「ルーティーンワーク（Routine Work）」と言います。

　たくさんあるそうした行動や仕事、用事の中から、自分がどれを選んで、何から始めるかは、人生を豊かにする上でとても重要です。

　というより、その選択こそがあなたの人生をつくっていくのです。そんな中で、私がアドバイスしたいのは、「大事なことから始めよう」という発想です。

かなり先の締め切りでいいと
言われた仕事であっても

私

> さて、今日も一日、仕事を始めるか……

> 先生、3ヵ月先の締め切りでいいのですが、この英和辞典の《P》の項目に、文化的な要素を持つ、新しい英単語を書き入れてくれませんか

編集部

私

> はい、喜んで

——3日後。

私

> できました！　お送りします

> えっ!?　先生、もうできたのですか？　まだ頼んで3日目ですよ（手抜き??　いや、きちんと仕上がっている）ありがとうございました。実は……ですね。他の先生に頼んでいた《T》の項目もあるのですが、3ヵ月経っても「まだできていない」と言うのです。私どもも、この遅れにはまいってしまっていて……。これも、もちろん3ヵ月先の締め切りでいいのでお願いできませんか

編集部

私

はい、わかりました。喜んで。
（では、また先にこの仕事をしてしまおう）

──3日後。

私

はい、できました！　お送りします

えっ!?　先生、もうできたのですか……!?

編集部

　上の対話の内容は、事実です。

　このようなやり取りを経て、私は最終的に『GENIUS 英和大辞典』（大修館書店、2001 年）に載せる文化項目の新英単語を、延べ14 項目（全アルファベット 26 項目中）にわたり執筆しました。

　その中の代表的な新単語は「Pokemon」でした。1999 年当時、和製アニメの代表である『ポケットモンスター』がアメリカ国内を席巻していました。そして、その年、最も話題に上ったものを年末の最終表紙とする『News week』を飾ったのが、このポケモンの主役である「ピカチュウ（Pikachu）」でした。

　まさに 20 世紀末を代表する「現代日本文化の傑作作品」であったことから、この単語が日本で初めて英和辞典に掲載されました。その後は『GENIUS 英和辞典（第5版）』（2014 年）にも引き継がれ、「Pokemon」は掲載されています。このような形で、これまでに延べ9冊の英和・和英辞典を執筆しました。

　前項の続きですが、やる気を出すには、本当に小さなことでいいので目標をつくり、まず大事なことから始めてみましょう。

　例えば、試験勉強をしなければいけない時には、「参考書とノートを開いて5分間勉強をする」とか、「YouTube の教育動画を10分間だけ見る」といったことを目標とするのです。

　この場合、一番大事なのは、「まず始めること」ですよね。やるか、やらないかはまったく違います。

　これなら、やる気の出ない時でもなんとか始められるのではないでしょうか。そして、絶対に達成できます。

　達成すれば脳内にドーパミンが出ますから、「だったら、もう少しやってみようかな……」という気持ちになり、もっと長い時間勉強できるようになり、調子が出てくると目標に向かってさらにやる気が出てくるのです。

　とはいえ、それでもやる気が出ない日もあることでしょう。

　今日はこれ以上できないと思ったら、やらずに別のことを楽しむという選択もアリです。世間には、「明日やろうはバカ野郎」という少し乱暴なことばもあるのですが、無理して自分を追い込まなくてもいい。明日でもいいことは明日でいいじゃないですか。「今日はここまで。残りは明日やろう！」と、中途半端なところで区切りをつけることが、実は次回へのやる気につながることもあるのです。気を楽に、明るく、陽気に生きていきましょう。

＊英語でも「まほうのことば」を使ってみよう。
Never Put Off till Tomorrow What You Can Do Today.

そうか、
じゃあ……

──まず、相手の事情を聞いてあげて、
先に相手を理解してみる

　つい、相手のことを責めたくなる時ってありますよね？　例えば、こんな時です。

> 　部下が仕事で大失敗をした。
> 　相手が約束を破った。
> 　子どもが勉強しないでゲームばかりやっている。

　そのような時には、相手を非難する気持ちをいったんぐっと押し殺して、1つ深呼吸をしましょう。

　そして、まずは「……どうして、そのようなことになってしまったのですか？」と、相手の事情を汲み取ってあげましょう。相手は必ず何らかの事情を抱えてそのような行動をしているのでしょうから、その理由を聞いてあげましょう。

　そうすることで、責める気持ちも少しは落ち着くはずです。

　そして「そうでしたか……。なるほど……」と、いったんは受け入れてあげた上で、「私は、こういうつもりで、あなたにそのようにお話をしているのです」と説明をしてあげましょう。そうすることで、あなた自身の溜飲も下がり、お互いに落ち着いて対応をすることができます。

　一方、相手は自分に対して「批判された」と感じるよりも「アドバイスを

もらえた」と思い、感謝してくれるでしょう。

　しかし、この順番を間違えると、感情的な対立が生まれ、問題解決も難しくなります。相手だって人間ですから、一方的に責められれば腹も立ちます。

　大事なのは、まず相手の事情と気持ちを理解すること。その後に、自分の事情と気持ちを理解してもらうように努めましょう。そうすれば、物事は良くなっていきます。

相手を注意する時に

——学習塾終了後の、会議の開始の前に。授業が終わっても塾生たちが帰らず、おしゃべりを続けている。この後に講師陣で会議を開かなければならない。しかし、叱りつけるのも、場の雰囲気が悪くなる。さて、どうしようかという場面……。

×悪い例

講師

> いつまでも何をやっているの。早く帰りなさい！

> ……は〜い、……わかりました。（……あの人、なんであんな言い方をするんだろう？　だって、まだお母さんが迎えに来てくれるのを待ってるんだもん、仕方ないじゃない）

塾生

◎良い例

講師

> ねえ、君たち。授業は終わったよ？　どうかしたの？

> お母さんが迎えに来てくれるのを待ってるの……

塾生

講師

> そう……。じゃあ、それほど遅くはならないわね。お母さんが来るまで、空き教室を使っていいから、そこで待っていようね。先生はこちらで会議をしているから、何か困ったことがあったら教えてね

はーい、先生、ありがとう。（10分経って）あっ！ お母さんが来た！　じゃあ、先生、さようならー

塾生

講師

はい、さようなら。（他の講師に向かって）……待たせて申し訳ありませんでした。では、改めて会議を始めましょう

　本来、講師たちは授業を終えた後に、今後の授業運営や生徒募集などの会議を遅くまでしなければなりません。やることはたくさんあり、深夜まで職場にいることもざらです。だから、できるだけ早く仕事を片付けたいでしょう。

　その一方で、塾生は塾生で、なにがしかの理由があってさまざまな行動をしています。

　そこで、まず自分たちの都合を押しつけるのではなく、一歩譲って相手の事情を問うことで、相手からその行動の原点を聞き出すことができるのです。

　まず相手の行動を理解してあげながら、自分たちの活動を同時に進めていく手段を見出していくと、お互いにぶつかり合うことなく解決に向かうことができます。

　繰り返しますが、「相手を理解してから、自分を理解してもらう」——。これが、現代の人間関係ではどちらにも利点をもたらす心理状況となるのです。

Episode・Column エピソード コラム

　本文にあるように、叱る際にも、まず相手の事情を聞いてあげて、先に相手を理解し、共感していくことはとても大事です。

　また、仕事やプライベートに関する相談を受ける時にも、自分の価値観や思い込みで前のめりのアドバイスをするのではなく、こういったスタンスで話を聞くことを心がけたいものです。

　このように、優しく、コミュニケーション能力が高い人ほど、相手への共感を大切にしていると思います。

　ただし、この共感にも、負の面があるようです。

　石黒格・立教大学教授は、日本女子大学心理学科のサイトで、心理学者ベンジャミン・ブルーム氏の主張を紹介しつつ、共感することの危険性について指摘しています。

　どう考えても「正義」としか思えない「相手への共感」に潜む負の面とは、例えば、大変である気持ちが伝わってくるかどうかでその人を援助するか判断する。あるいは、自分が直接知らない人や目の前にいない人々へは共感をしない場合がある——といった問題です。

　石黒教授は、ブルームの「思いやりを持つほうが、共感をすることよりも大切である」という主張を紹介した上で、こう書いています。

　「苦しんでいる人や悲しんでいる人にであったら、その人の苦しみや悲しみを感じ取れるかどうかではなく、その人のつらさを解消するためにできることを理性的に考えてみてはいかがでしょうか」

この指摘は、他人からの相談を受ける際の心構えとして、ぜひ覚えておきたいことですね。

英語でも「まほうのことば」を使ってみよう。
Don'tJudge People, Rather, Have Time to Love Them.

助言

ありがとうございます

自分を鍛える

──同じ娯楽も真剣に見れば、それは「教養」となって身についていく

　あなたは、暇な時間があった時に何をしていますか？

　ゲーム？　YouTube?　ネットサーフィン？　漫画？

　暇な時間に何をするかはあなたの自由ですし、それでストレス解消になるなら良いことです。

　たまには気晴らしをする時間も必要ですよね。

　でも、そこでちょっと考えていただきたいのは、その暇な時間を合計すると、かなりの量になるということです。

　断続的とはいえ、1日に2時間くらいYouTubeを観ている人はたくさんいることでしょう。すると、1年間では実に700時間以上にもなります。

　もし、700時間あったら、いろんなことができるとは思いませんか？

　自分の仕事に関する専門知識を学んでもいいですし、資格試験の勉強でもいいでしょう。

　とはいえ、「ちょっと待って。そんな隙間時間にも勉強していたら気が休まらない。かえってストレスがたまってくるよ」と思った方もいると思います。

　たしかにそうですね。それもわかります。

　ここで私がご提案したいのは、無理をしない範囲で、暇な時間を自分を鍛えるために使うことなのです。

例えば、YouTube にしても、楽しく学べる教養系のチャンネルも観るようにする。また、お笑い系の動画を観る時も、出演者たちの話術や動画編集のテクニックを観察するようにしていくと、ただ視聴して時間を潰している人と比べて、格段に成長していきます。

　こうした学びが、電車やバスの中、あるいは、自宅にいながらにしてできるのは、とても楽しいことですよね。それらが「見えない教養」になっていくのです。

飛行機の乗り換え時間に

——年末の帰省途中、飛行機の乗り換えでふと時間が空いて。

私

> ねえねえ、10 時半に東京に着いたけど、次の乗り換えの札幌便まで8時間近くもあるよ。どうしよう……

> そうねえ、こんな時だからこそ、この原稿を書く時間にあてればいいんじゃない？
> ボーッとしていたら時間なんて無駄に過ぎてしまうけど、本の原稿を書くなんて、時間のある時でなかったら、そうそうできるもんじゃないでしょ？　飛行場のラウンジなら、飲み物は飲み放題だし、お手洗いもあるから、公的な書斎になるわ

Aさん

私

> うん、たしかにそうだね。じゃあ、次の飛行機の時間まで、しっかりと執筆作業に取り掛かるとするか！

　これは実話なのです。会話にもある通り、「原稿（書籍）執筆」という、気持ちを込める作業は、余裕のある時でなければできない仕事です。私は読者の方に思いを馳せて、この本の原稿を書き、暇な時間を充実したものに変えることができました。
　今後の皆さんの参考になれば嬉しいです。

　スティーブン・R・コヴィー氏は『７つの習慣』（キングベアー出版）の中で、肉体面・精神面・知性面・社会面という、４つの性質を磨くことを説いています（第７の習慣）。

　これを私なりに紹介すると、以下のようになります。

① **肉体面**：自分の健康に対して注意を払う。健康が維持できるような食物を食べる。睡眠を十分に取って、身体を休める。適切な運動を、時間を見つけて行う。

② **精神面**：自分の人生にとって大切なものは何かを考える。それを常に心に留めて「座右の銘」とする。

③ **知性面**：マスコミからの情報を、常にアンテナを張りめぐらせて、吸収する。

④ **社会面**：他の人々との交流を保ちながら、相手に対しての思いやりの気持ちを持つ。

　このような４点の性質に対して、常に気に留めておくことで、人間的にも大きく成長することができます。最終的には、心身共に大きく羽ばたいていくことができるでのす。

＊英語でも「まほうのことば」を使ってみよう。
Train Your Mind and Body.

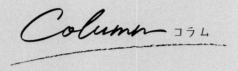
コラム

漢字の成り立ちで考える
—— 良いことだけを口にしたほうがいい理由

　小学校や中学校の国語で、漢字の成り立ちを習ったと思います。

　漢字は次の4種類に分けられます。物の形を文字で表した「象形文字」、記号的につくった「指事文字」、2つ以上の漢字を組み合わせた「会意文字」、そして、文字の中で意味を表す部分と音を表す部分からできている「形声文字」——です。

　では、ここで「吐（く）」という漢字に注目してみましょう。

　字の形だけから見れば、「口」から「プラス（上昇）」だけではなく「マイナス（愚痴）」も出すと「吐」く、という字になりますよね。むしろ「プラス」だけならば、願いも「叶」う、というものです。ただ、実際には「漢」の文字に対して、「プラス・マイナス」という数学上の考え方が重なるというのも、言い得て妙です。

　本来、【吐く】は「会意」兼「形声」文字です（口＋土）。つまり、「口」の象形（「口」の意味）と「大地の神に対して奉るという行為を行うために、柱の形として固めた土」の象形、すなわち、草・木を生み出す「土（つち）」の意味があり、それを人間の口にあてはめて、「口からはきだす」を意味する「吐」という漢字が起こったのです。

そして、【叶う】は、「口」と漢数字の「十」を合わせた文字です。こちらは形声文字です（口＋十）。「口」の象形（「口」の意味）と「針」の象形（十、多数の意味）を重ねた文字になります。そして、「人々のことばとことばとが交流する」「合う」「一致する」「かなう（望み通りになる）」を意味する文字として、「叶」という漢字が起こったのです。

　「吐く」と「叶う」。漢字の成り立ちまで記しましたが、このように「前向きなことば」を口にすることで、人格形成を行っていき、ひいては、心身共に成長を続けていくことができるようになります。

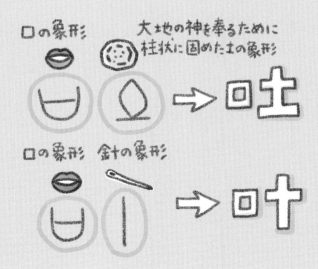

今日も良い日だなあ

——どんな日でもプラスに解釈し、
さわやかな気分で一日を始める

「今日も素晴らしい日だ」
「ストレスもなく、楽しい日々だ」

　毎日こんなふうに思えたら、人生はとても楽しくなりますよね。でも、たいていの場合、そうではないのが普通の人たちの暮らしというものです。

　例えば、家族とのいさかい、会社での人間関係、学校でのトラブル、お金の心配、健康の不安……。悩みや不満の種はそこら中に転がっています。

　天候もそうです。雨が降ったら降ったで「あーあ、晴れないかなあ……」と恨めしく思います。一方で、晴れが続けば「あー、暑い！　たまには雨が降らないかなあ……」と嘆く人も多いことでしょう。人間の欲求は果てしなく、飽くなきものです。

　でも、天気に文句を言っても始まりません。人間関係だって、2人以上が集まれば何かと優劣がつき、いさかいも起こるものです。

　そうであるならば、それらを全部受け入れて、何があっても「今日も良い日だなあ」とつぶやいてみませんか。そうすることで、気持ちの上だけでも楽しく過ごすことができますよ。

体調の悪い日は＾O＾

Aさん

なんだか今日は身体が重い。最近、疲れすぎだな

それに気づいて身体を休める気になったんだから、今日も良い日だよ

Bさん

厳しい自然に対しては＾O＾

Aさん

なんだ、明日も雪だ……。また雪かきをしなきゃいけない。あーあ、雪の降らない地域に転勤したかったな

そうね、ホントに大変よね……。でも、雪が降るから、毎年、おいしい水が飲めて、おいしい野菜も食べられるんだから。それに、雪かきをすることでご近所さんとのコミュニケーションも生まれるし、そう考えると雪かきも悪くないわ。今日は良い日なのよ

Cさん

これまでのことを後悔している時

Aさん

この歳になるまで自分は何をやってきたんだろう？もっと努力すればよかったな

今日は、人生の終わりの日から考えれば【最も若い日】なんだよ。気づけてよかったじゃん。今日から始めればいいんだ。だから今日は良い日だよ

Bさん

Episode・Column　エピソード　コラム

　「物事を前向きに捉えることができる人」は、いつも積極的に動いていて、仕事はもちろんのこと、私生活でも自分自身を充実させています。

　「ああ、充実している。今、楽しい」ということばを口にすることで、脳は主語を理解しないので、「ああ、今、自分は充実していて、楽しい状態なんだ」と捉えてくれます。そうすることで、精神的な余裕が生まれてくるのです。
　精神的な余裕が生まれてくると、自分自身の仕事が楽しくなることから、仕事の「質」は、どんどん上がっていきます。「充実した。楽しい」が口癖の人は、文字通り自分から「楽しい」状態を生み出して、自分を前向きにさせているのです。

　反対に「忙しい」ということばは、漢字の意味からしてつらい状況を生み出します。

　漢字の部首「りっしんべん」は「心」を意味し、「亡」は「死」を意味しますよね。つまり「忙」は「心が死んだ状態」の意味を表します。
　それよりも「大丈夫」「充実した」「楽しい」ということばのほうが、はるかに自分自身の行動を高めてくれます。仕事の質を上げ、さらに上昇気流を生み出す源となるのです。

＊英語でも「まほうのことば」を使ってみよう。
It's a Fine Day Today.
（＊実はこのことばの和訳が、マイクの音声の調整に使われる
「本日は晴天なり」です。）

サッと
片付ける!

──やると決めたら集中し、
一心不乱にその任務に向かう

　予備校講師の林修先生の名セリフに、「いつやるか？　今でしょ！」ということばがありますね。あれは、本番までに時間のない受験生を叱咤激励するものでしたが、私自身もまさしく同じ気持ちで生きています。

　なぜなら、どんな場面であっても気づいたら早く始めたほうがよく、迅速な行動は、結果的には勝利を招くと思っているからです。

　例えば、他人との競争であれば、先に始めていくことで有利になりますよね。また、待ち合わせの時間や仕事の締め切りも、早く行動して余裕を持っていれば、たいていのトラブルには対応できます。

　それに、どうせやるならば、サッと片付けてしまいましょう。そのほうが、心安らかに、気分よく暮らせますよね。

　次に、３つのパターンの人を並べてみました。これまでのあなたなら、どの人のパターンになっていたか、振り返りながら読んでみてください。
＊次の３人は、まったく同じ仕上がりの資料を作成したという設定です。

上司から頼まれた仕事を仕上げる時に

――次の日に提出したAさん。

Aさん

部長、できました！　提出します！

なに？　もうできたのか!?　Aさん、君は仕事が早いなあ

上司

――期日最終日に提出したBさん。

Bさん

部長、できました。提出します

うむ、わかった。もらっておく

上司

――締め切りの翌日に提出したCさん。

Cさん

できました……。提出します……

Cさん！　遅いじゃないか！　締め切りは昨日だぞ！

上司

質量ともまったく「同じ書類」を提出しているのに、なぜこれほど評価が分かれるのでしょうか。

　その理由は、「期限」（＝人との約束）に対する3人の真剣さが違うからです。
　Aさんは、「迷惑をかけないように、与えられた任務を先に終わらせることを優先し、自分の仕事は残りの日数で片付ける」という選択をしました。これにより、Aさんは上司からの信頼を勝ち取り、高評価にもつながっていきました。

　これに対して、Bさんは、「期限までは時間があるから、そこまでに間に合わせればよい」と、自分自身の仕事を優先させました。
　もちろん期限を守っているのだから、叱責されることはないでしょう。ただし、提出自体は「早くもなければ遅くもない」ので、Bさんに対する部長の評価も「普通」になるでしょう。
　同じ仕上がりの提出物ならば、早く持ってきたほうが評価は高くなるのです。

　さて、期限に間に合わなかったCさん、これはもう論外です。約束を守れなかったことで上司からの信頼はすっかり失われています。同じ内容のものを提出したところで良い評価にはつながりません。それを覆すには、圧倒的に優れた内容を提出するしかありませんが、それができれば苦労はありません。期限内に早めに仕上げるほうがよほど簡単です。

　私も、よく生徒・学生たちにこう諭していました。
　「君たちは、同じものを提出するのに、ほめられたいですか？

何にも言われなくてもよいですか？　それとも叱られたいですか？」

　答えは決まっています。どうせ同じことをするならば、叱られるよりも、無表情で受け取られるよりも、ほめられたいですよね。
　結果として、やはり、行動が早いに越したことはありません。そうすることによって、他者からの評価が高まり、それはあなた自身の人生も大きく広げることにもつながるでしょう。

Episode・Column エピソード コラム

　明治大学の堀田秀吾教授は、《仕事のできる人というのは、「頭の回転が速い」「センスがいい」「直感で動いている」などと言われることもありますが、その本質は無意識を上手に使っているのではないか》と指摘しています。

　そして《仕事に対して優先順位をつけておき、細かいところには目を向けないようにする（＝忘れていく）》と。

　このことは、先ほども記した——やる気が出ないことでも、大事なことを自分ができる小さなことに分け、そこから始めてみると、どんどんやる気と集中力が出てくる話——とも関連しています（Phrase. 6参照）。

　まず始めてみること。まず決めること。まず「始めると決める」ことが大事なのです。

　堀田教授によると、悩みを解決すべく、何がしかの行動を起こした人は、半年後に再度調査をしてみると幸福度が高くなったそうです（シカゴ大学 / スティーブン・レビット教授）。

　一例としては、「こんな会社なんかもう辞めてやる！」という決断をした人も、「やっぱりこのままもう少しがんばろう」という決断をした人も、いずれの行動であったとしても幸福度は高くなりました。

　何かやろうとする時には、早く決断し、小さく行動しましょう。

＊英語でも「まほうのことば」を使ってみよう。
An Early Bird Catches the Worm.

楽しいことが待ってるよ

——飛行機は、
向かい風を受けるからこそ高く飛び立てる

　誰だってつらいことからは逃げたいですよね。早く楽になりたい……。でも、ここが、我慢のしどころです。それをくぐり抜けることができれば、次には楽しいことが待っています。「冬来たりなば、春遠からじ」です。つまり、「冬が来たら、その次には、必ず春がやってくる」のです。

　もっと言えば、冬は寒いからこそ、春が暖かく感じられるのです。つまり、春のありがたさを理解できるのです。

　別の表現では、「苦あれば、楽あり」とも言いますよね。つらいんだけど、次に来る希望を待ちながら、ここはその苦しさに立ち向かっていきましょう。

つらい仕事に取り組んでいる時に

——繁忙期の残業中にて。

Aさん

あーあ、つらいなあ……。どんどん仕事がたまっちゃうよ……。何から手を付けていいかわからない

そうね、ホントに大変ね……。でも、今、これを片付けたら、後々、楽になるわよ。今は苦しいわね……。ホントに。でも、この後は楽しいことが待ってるわ！

Bさん

Aさん

そうだね。今、できるところから、少しずつこなしていけば、いずれ終わるね

そうよ。その調子！ 合いことばは？

Bさん

Aさん

今は苦しいなあ、でも、この後は楽しいことが待ってるぞ！

Bさん

Episode・Column エピソードコラム

　人が苦しい時、脳が「見ないようにしよう」と捨てている情報を【スコトーマ】と言います。スコトーマとは「心理的盲点」です。それは、何か１つを認知することで、他のものを認知しづらくなる状態のことを指します。

　あなたの身の回りには、あらゆる情報が溢れています。その中であなたが見ている現実は、ほんの一部分なのです。今は「つらい状態」の真っ只中にあったとしても、「この後は楽しいことが

ある！」と、前向きに捉えることで、今のつらさは半減していきます。

　苦しいことは誰にでもやってきます。それにどのように立ち向かっていくか、「決断」がまずは大事です。そしてその後、達成感を感じたならば、それが幸せへの入口なのです。

　「今は苦しいなあ、でも、この後は楽しいことが待ってるぞ！」

　そんなふうに、大きく構えてみましょう。

　飛行機は、向かい風を受けてこそ高く飛び立てるのです。

＊英語でも「まほうのことば」を使ってみよう。
No Pains, No Gains.

やれば、できる!

──より現実的な「やれば成長できる!」を座右の銘に

「やれば、できる!」

簡単にこう言われると、そうとは限らないだろう、と少し疑問を感じる方もいるかもしれません。

でも、こんな言い方ならどうでしょう?

「やらなければ、できない!」

当たり前ですよね。ここをスタート地点として考えれば、「やれば、できる」かもしれないと思いませんか。

愛媛県にある野球の名門校、済美高校の校歌の一節には、このような歌詞が載っています。

『「やれば出来る」は魔法の合いことば』

同校の卒業生で、野球部の投手でもあったお笑い芸人・ティモンディの高岸宏行さんも、この校訓をしっかり守って、常に笑顔で対応しています。

つらいけれども、「やれば、できる」のです。それを信じて、苦しさに立ち向かっていきましょう。

将来の進路を決める時に

——ある高校の進路指導室にて。

生徒

> ○○大学に行きたいけれど、今の成績で大丈夫なのかな
> あと、あきらめかけているんです……。だって、うちの
> 高校からは、ほとんど受かっていないから……

先生

> そうだな……。こんなことばがあるぞ。【人間、努力をし
> たとしても、必ずしも成功するとは限らない】だ

生徒

> え〜、先生、ひどいですよ……。励ましてくれるんじゃな
> いんですか？　進路指導の先生が、そんなことを言うな
> んて……

先生

> でもな、このことばには続きがあるんだ。【だが、成功し
> た人は、必ず努力をしている】だ。過去にその○○大学
> に受かった生徒は、最後まで本当に努力していたぞ

生徒

> ………!

まさに、先生の言う通りですよね。

　英語の文法では「命令文＋ or　」は、「〜しなさい、そうでない
と……」という構文であると習います。一例では、

"Study hard, or you'll fail in the exam. "

（一生懸命に勉強しなさい、そうでないと、試験に落ちてしまうよ。）
というのがあります。

　でも、これって、いかにも日本風の考え方で、否定的な考え方だな、
と感じています。本来、「or」は「または、それとも」の意味ですよね。
そうであるならば、字面通り理解をすれば、

　「一生懸命に勉強する、それとも、試験に落ちてしまう（あなた
はどちらを選択しますか?)」という意味合いになりますよね。本
来は疑問文ではないですが、半ばその選択権は問われている人に委
ねられているとも取れますよね。

　つまり、先ほどの先生のことば（実際に、ある高校の進路指導室
に貼ってあったことばです）は、

【努力をやめて、成功することをあきらめるか、それとも、
　それでも努力をして、ゆくゆくは成功することを目指すか】

　——その選択権は、あなたにあるのですよ、と言っているように
も取れますよね。

　ちなみに、私は、より現実なことばとして

【人間、努力をしたとしても、必ずしも成功するとは限らない。
　だが、必ず『成長』はできる】

　すなわち、

【やれば『成長』できる!】

　を座右の銘の１つとしています。
　いかがでしょうか?

　どちらも同じように優秀な能力を持っているのに、結果は、成功する人としない人に分かれます。

　では、両者はどこが違うのでしょうか。環境でしょうか。考え方でしょうか。

　この疑問に関連して、スタンフォード大学／心理学教授キャロル・ドゥエック氏は、著書『MINDSET:「やればできる！」の研究』（草思社）の中で、「成長・しなやかな（Growth）マインドセット」と「硬直・かたくなな（Fixed）マインドセット」の2つを挙げ、その違いについて言及しています。

　Growth マインドセットとは、「能力は常に向上させていくことができる」という考え方です。仮に一度失敗をしてしまったとしても、その失敗を反省して、次につなげていくことができると考えます。だから、くじけず、めげず、難しい問題にも目を輝かせて取り組むことでしょう。

　それに対して、Fixed マインドセットとは、失敗を一度してしまっただけでも、「ああ、もうだめだ……」と落ち込んで、大きな挫折を感じてしまうという考え方です。

　人生で成功するためには、どちらが必要でしょうか。

　当然ですが、マインドセットがしなやかで成長の兆しを見せると何事にも怖がることがなくなります。だから、最終的には、自分の才能を最大限に発揮できるようになっていきます。

　どうせ何かに挑むのであれば「負けてもともと」と考えればいいではないですか。腹をくくって果敢に挑戦してみましょう。結果は

後からついてきます。そこで必ず成功するとは限りませんが、成長はできます。

　成長すれば、次は成功できるかもしれない。次がダメでも、いつかは成功できます。

　そう考えると、人間の才能は無限なのです。

＊英語でも「まほうのことば」を使ってみよう。
You Can Do/Grow It When You Try It!

失敗
ズーン

未来

スック！

他人は、自分の映し鏡

——あなたが楽しそうに笑っていれば、相手も笑顔になっていく

　自分が楽しそうに笑っていれば、相手も笑顔で接してくる。

　自分が不機嫌そうにムスッとしていれば、相手もムスッとしたような表情になる——。

　対人関係では、よくあることですよね。

　ある時、私は、ふと気づいたのです。

　「あれ？　これって自分と相手は鏡のようだな……」

　ということは、自分が笑顔でいられれば、ムスッとしていた相手も徐々に表情が和らいで、次第に笑顔で接してくれるのかもしれないな——。

　試してみたら、結果はその通りでした。

　もちろん 100％ ではありません。しかし、このことを意識したら、自分のコミュニケーション力がだいぶ変わってきたと思います。相手と楽しい時間を過ごしたければ、まず自分が楽しく笑顔でふるまうことが大事なのです。

商談の場面で

Aさん

あーあ、あそこの会社の課長さん、俺、ちょっと苦手なんだよなあ……。いつもムスッとしていて、こちらが愛想笑いをしていても、ちっとも笑ってくれないし……。行くのが億劫なんだ……

へえ、そうなんだ……。でも、大丈夫よ。Aさんは『愛想笑いをしてる』と言っていたでしょ？ それはホントの笑顔じゃないから、相手に受け入れられなくても仕方ないと思うな。苦手意識を一度、本当に忘れて、本物の笑顔になって課長さんの懐に飛び込んでみたらどう？課長さんの好きそうな話を振ってみたりして……

Bさん

Aさん

そうだね。課長さんの好きな話……そうだ、課長は大谷翔平が好きだと言ってたな。俺もファンだから、大谷の話なら笑顔で話せそうだよ

そうよ。大谷翔平やメジャーリーグの話をしながら笑っておいでよ。そうしたら気持ちも打ち解けられて、きっと楽しい雰囲気になるわよ。いつも『他人は自分自身の映し鏡だ』と言い聞かせているといいよ

Bさん

Aさん

わかった。まずは自分から、だね

　「鏡のテスト」というものがあります。専門用語で言えば「鏡像認知」と言います。動物には「自分が自分である」という意識はあるのでしょうか。「相手の心を読み取るということは、鏡に映したような関係がある」というのが、この考え方の基盤となっているものです。

　動物を対象としたものとして「自己意識」を認識させることは、非常に難しいことであることから、チンパンジーなど動物の身体に印をつけて、鏡の前に立ったら「何かついてる！」と、あせって調べさせる、つまり「鏡の中の自分が、自分自身である」とわかっているかどうかという実験を試みました。心理学者のゴードン・ギャラップ氏が考案した、自己意識を調べる有力な方法です。

　結果として、人間を始めとして、オランウータン、チンパンジー、イルカ、シャチは合格しました。「鏡の中の自分を自分だとわかる」かどうかは、実は「相手の心がわかるかどうか」ということとすごく関係しているのです。

＊英語でも「まほうのことば」を使ってみよう。
Correct Your Behavior by Looking at Others around You

いいところを探そう

——夫婦やカップルは一組の鏡。まずは自分自身を明るく変えてみよう

　前項の続きです。

　どんな人間関係でも同じですが、ここでは夫婦や恋人との関係を考えてみましょう。

　特に生活を共にしている夫婦では顕著なのですが、夫が笑顔でいると、妻もそれにつられて笑顔になります。

　反対に、妻が不機嫌な顔をしていると、夫も、なんとなくいやーな雰囲気になりますよね。

　それだけ「夫婦は一組の鏡」になるのです。これは彼氏・彼女のカップルの場合でも一緒です。

　そうであれば、あなたがすることは決まってきます。

　大事なことなので何度でも繰り返しますが、《自分はできるだけ笑顔でいる。機嫌良くふるまう》、そして、《相手の欠点ではなく、長所を探す》ことです。

　さて、あなたたちご夫婦（カップル）は、いかがですか？

夫婦げんかをした後に

——夫婦げんかの顛末を友人に愚痴って。

Aさん

あーあ、マリの奴、どうしていつもぷんぷんしてるんだろうな……。あんなヤツの顔を見ているだけでも、こっちもイヤになっちゃうよ

あなたにも何かマリさんを怒らせてしまっていることない？　思い当たるふしはないのかな？

Bさん

Aさん

えっ!?　思い当たるふし?……そうだな、この前、結婚記念日のことを忘れてしまっていたんだ……

そうよ。きっとそれよ。彼女は、とっても楽しみにしていたのよ。記念日のことを忘れていたから怒るって、逆に考えたらありがたいことじゃない？　あなたとの記念日だからこそ、それだけ思い入れがあったわけだから。それに、私が見る限り、Aさんのほうだって、いつも仕事に追われていて、家では不機嫌にしていることも多いんじゃないかな？　まず自分から、変えてみたら？

Bさん

Episode・Column エピソード コラム

　「夫婦は一組の鏡」という表現は、「自分の長所や短所を、相手が映し出してくれる可能性がある」ということです。

　もしも相手の欠点が気になる時には、「一組の鏡」ということばを参考にして「自分と相手とは、どこがどのように似ているのだろう」と考えてみましょう。そして、その前に、まずは自分自身を変えてみましょう。

　心理カウンセリングでは、変えられるものと変えられないものを分けることをクライアントに勧めます。

　変えられないものは、過去と他人。

　変えられるものは、未来と自分。

　他人を変えるのは大変です。本当には変えられないと考えたほうがいいのです。

　自分が変わることは、負けでも妥協でもありません。自分が変わったほうが楽ですし、何よりも成長することができます。

　成長した自分が見た相手の姿は、以前とは違いますよ。

　相手のことをもっと深く、多面的に考えられるようになりますし、許せなかったことが許せるようになります。

　自分が変われば、相手も相手自身の気づきによって変わっていくでしょう。そして、その後は一緒に成長していくような、良い関係が築けることでしょう。

　「夫婦・カップルは一組の鏡」です。

＊英語でも「まほうのことば」を使ってみよう。
A Good Wife Makes a Good Husband./Don't Find Fault, Find a Remedy.

起きること
すべてが学び

──自分のありのままを素直に受け入れ、
前向きのエネルギーを得る

　アリが食料を運んでいる姿を見たことがありますか。

　自分の体の5倍も10倍もある大きな虫の死骸やビスケットのかけらを、1匹で運ぶ、その力たるや、すごいものですよね。

　と同時に、彼らのがんばりには頭が下がる思いがします。

　「ああ、こんなに小さな体でも、こんなに大きな食料をみんなで運んで、それを冬の備蓄にしているんだなあ」

　少々大げさに言えば、私は働くことの尊さを、アリさんからも学んでいるのです。

　ましてや、この働きアリさんたちは「メス」だというから、なおさら驚きなのです！

　もしあなたが、大変な仕事や面倒な仕事、あるいは嫌なことに直面していて、当面はそこから逃げることができない（やらざるを得ない）状況にあったとしたら、「すべてのものは自分の先生なのだ」と、つぶやいてみてください。

　それに取り組まなければならないのであれば、嫌々やるのではなく、「これをすることで自分には学びがあるはずだ」と考えて積極的にやってみましょう。

　実際にやってみたら、「大きく気づくことがあって、すごく成長できた」

ということもあるでしょうし、逆に、「何の得にもならなかった」ということも、たまにはあるでしょう。

　私は、前者の場合が大半だと思っていますが、たとえ後者であっても、そこからも学ぶことができるのです。つまり、「○○はダメだ。他人には勧められない」ということがわかりますし、ダメな人に関しては反面教師にすることができるからです。

　ここでも大事なのは、自分の考え方、物事の捉え方なのです。

嫌な仕事を任せられた時に

あーあ、トイレそうじって、嫌だなあ。他人が使ったトイレだよ。汚くて、そうじをする気持ちにはなれないよ

Aさん

何を言ってるの？　あなただって、トイレは使っているんでしょう？

Bさん

そりゃそうだけどさ……

Aさん

トイレをよく見てみて。ある意味、口を開けて、私たちが出したものを、何も言わずに受け入れてくれているのよね。でも、こびりついた汚れは水の力だけでは落とせないから、使っている私たちがなんとかしてあげないとね。きれいにしてあげようよ

Bさん

なるほど、「すべてのものは、自分が学べる先生」ということか

Aさん

Episode・Column エピソード コラム

　かの坂本龍馬は、こんな歌を詠んでいます。

「世の中の人は何とも言わば言え　我がなすことは我のみぞ知る」

　つまり、世の中の人は自分のやることに対していろいろ言うが、自分が成し遂げようとしていることは自分だけがわかっている（知っていればいい）……というような意味でしょうか。

　高い志がある人間ならではのことばだと思います。

　ところで、坂本龍馬ほどの高い志も大きな目標もないけれど、同じような心境になれる可能性のある方法があります。

　それは、本文でも書いてきた「起きることはすべてが学び。すべての人（もの）は自分の先生である」と受け止めることです。

　これができれば、自分が周囲の人々からどのように思われるか気にならなくなります。なぜなら、すべての人が先生なのですから、アドバイスであろうが、称賛であろうが、批判であろうが、「言ってくださってありがとうございます」となるからです。

　ただで大事なことに気づかせてくれるのですから、ありがたいことなのですよ。

　とはいえ、人間ですから、痛いところを突かれれば平常心ではいられない時もあるでしょう。そんな時には、本書をよく読み返してみてください（笑）。解決するはずです。

＊英語でも「まほうのことば」を使ってみよう。
Your Most Unhappy Customers Are Your Greatest Source of Learning.

よし！

親の背を　見て育つ

──子どもは親の心を反映する、素晴らしい存在なのだ

　こんなことを書くと、少々耳が痛いという人が多いかもしれませんが、「子どもを見れば親がわかる」と言われますよね。

　この場合は、きちんと挨拶ができるとか、整理整頓ができる、地道な努力ができるといった、主に躾の意味で使われることが多いようですが、もちろんそれだけではありません。

　他人に対して優しいとか、正義感が強い、本を読むのが好き、アウトドアが好きといったことも含まれます。もともとの資質も関係するとはいえ、子どもは親を見て育っているのですから、性格や行動が似てくるのは当然でしょう。

　では、どんなふうに子育てをしていけばいいのか？　親だったら少なからず不安に思うことがあるかもしれません。

　結論を言えば、気にしすぎることはありません。子どもが悪いことを覚えないようにふるまうのは当たり前ですが、大事なことは、あなたが明るく、楽しく、幸せになるように日々を生きることです。子どもは親の心を反映する、素晴らしい存在なのです。

子育てが不安になった時に

Aさん

子育てって、難しいわ……。うちの子、最近、ぐずってばっかりで……

ママとしても大変だね。仕事との両立をしているんだから、立派だよ

Bさん

Aさん

ありがとう。でも、ホントに、どうすれば楽しく子育てができるのかしら……

大丈夫だよ。いつも明るいAさんなんだから、いつものようにニコニコして、自分が楽しく過ごせばいいんだよ。子どもは親の心を反映する、素晴らしい存在なんだから

Bさん

Episode・Column エピソード コラム

　心理学者のジョン・ボウルビィ氏は、人間の赤ちゃんを対象とする「愛着行動」、すなわち「自分を親から奪いに来る者から守るために起こす行動」について関心を持ちました。

　では、その「愛着行動」の内容を見てみましょう。
　赤ちゃんは、ただ泣き叫んだりしていますが、成長するにつれて、

その行動に段階的な変化が表れるそうです。

1.　母を探し求める。後を追いかける。
2.　しがみつく。
3.　おしゃぶりをする。指を吸う。

　このような行動をすることで「自分に関心を持ってほしい」「自分を一人にしないで」といった意味合いを持って、行動をするというのです。

　「かまってほしい」……そういった愛着を抱きながら、赤ちゃんは自分自身で少しずつ承認欲求を得ていくのですね。

　小さい頃から子どもに対して親が愛情をかけていけば、子どもはその親の愛情を一身に受けてすくすくと育っていきます。

　反対に、子どもを虐待していけば、子どもは親に、また、他人に対して、攻撃的になっていきます。怖い意味合いですが、無差別殺傷事件でよくある「誰でもよかった」は、実は「親」に向けての憎しみを、他人に向けているという指摘も……。

　まさに「子どもは親の心を反映する存在」なのです。

---

*英語でも「まほうのことば」を使ってみよう。
Like Father, Like Son. / Like Mother, Like Daughter.
The Apple Doesn't Fall Far from the Tree.

心と身体は
つながっている

——強い身体をつくっておくことは、
人生の荒波を乗り越えていくためにも大事

「身体が鍛えられれば、精神は自ずと鍛えられる」

　スポーツ選手はこのようにコーチや監督から言われて、心身を鍛えてこられたことでしょう。この「心身」ということばは、まさに「心（精神）と身（肉体）の一致」を意味しているのでしょうね。

　他方、現代では「うさぎ跳び」の廃止や「腹筋運動の仕方」の改善など、昔の非科学的な練習方法とは明らかに異なっている状況も窺えます。

　意味のない練習やかえって健康を害する練習は否定されてしかるべきですが、身体を鍛えることで、少しくらいのつらいことも乗り越えることができるようになる——という側面があるのも事実です。

　「過ぎたるは及ばざるがごとし」ですが、ある程度の強い身体をつくっておくことは、人生の荒波を乗り越えていくためにも大事であると思います。

子どもの習い事で迷った時に

Aさん

また我が家の子育て問題ぼっ発！

Bさん

今度はどうしたんだい？

Aさん

うちの長男をスイミングスクールに行かせているんだけど、最近行ったり行かなかったりしてるの……

Bさん

なるほど。でも、最初は楽しく習い事をしていても、ふと、それが続かなくなることもあるよね

Aさん

そうね。泳ぎを身につけることで、身体も鍛えられていいかな。と思ってやらせてるんだけど、それが楽しくならないと、通おうという意思も弱くなってしまっているのよね

Bさん

だからこそ、泳ぎの楽しさを教えてあげようよ。五輪選手の話や、白血病を克服して、また水泳に邁進している選手もいるじゃない。まさに「身体は精神の反映」だよ。精神力が強くなれば、身体も自然と鍛えられて、強くなっていくよ。だって、○○君だって、Aさんの子じゃないか

Episode・Column エピソード コラム

　「体力をつけていく」ことは、精神の向上につながります。

　以前、ある動画を観ていたら、「パワハラ体質の組織で働く人間は格闘技を習って身体を鍛えろ」という話をしている人がいました。

　ただし、この人は「やられたらやり返せ」と主張しているのではありません。自分に体力があって相手より圧倒的に強ければ、気持ちに余裕が出て、理不尽なことにも耐えられるようになる。自分よりも弱い人がキャンキャン何か言ってきたとしても、腹も立たない──というのです（うろ覚えの、私なりの解釈ですが）。

　よく言われることですが、「強い人は優しい」とされるのも、そういうことなのかもしれませんね。

　私は他人とむやみに戦うことには大反対ですし、興味がない人が格闘技まで習う必要はないと思います。しかし、厳しい練習を乗り越える経験や基礎体力をつけることには賛成です。体力があるということは、仕事の面でも余裕と自信が生まれると思います。

　ちなみに、パーソナルジムを運営する「24/7」のサイトには、鍛えることが心身に与える5つの影響が紹介されていました。ご参考までに紹介しておきます。

1.　自分に自信を持てる
2.　何事にもやる気が出る
3.　幸せを感じられる
4.　ストレスを発散できる
5.　深い睡眠を取れる

「身体は精神の反映」。身体を鍛えることで、ちょっとやそっとの
ことではへこたれなくなることでしょう。それは受験勉強なども同
じ。本来は脳を鍛えたり、身体を鍛えたりすることで大きな躍進と、
それに対する耐性（耐える力）がついてくる（はずな）のです。
　それを信じましょう。

---

*英語でも「まほうのことば」を使ってみよう。
A Sound Mind in a Sound Body./ Well-Being

勉強も！

体力づくりも！

身体の声に
耳を傾けよう

——体調の悪さやケガは、
「天が与えてくれた休養」と考える

「リンゴ1個で医者いらず」
「健康は生活の源である」
「医者の不養生」

　洋の東西を問わず、健康に関してはさまざまなことばがありますね。
　私は、命の次に大事なのは「健康」だと思っています。心身が健康であり
さえすれば、たとえ困った事態が起きても、なんとかなりますよね。
　そして、健康を維持するためには、予防医学の考え方を大事にすること、
これが大切です。ひどく疲れていたり、体調が悪かったり、注意力散漫でケ
ガをするようなことがあれば、それは黄信号です。心身を休めて回復に努め
ましょう。
　もし病気になってしまったら、絶対に無理や焦りは禁物です。生活の赤信号
と捉えて、より重症化しないように、落ち着いてその病を治していきましょう。

　「火事場の馬鹿力」ということばもありますが、まずは身体を休めること
です。今の自分の状態や状況をゆっくり振り返る時間をつくりましょう。
　ペースダウンをして身体を休めたとしても、大丈夫です。気持ち（精神）
だけは常に前向きに高めていれば、その後も変わらず積極的な生活ができま
すよ。

部下の体調を気遣う時に

上司
最近元気がないみたいだけど、何かあった？

とても口数の多いお客様の対応に追われていたので、たぶん疲れているんだと思います……。でも、大丈夫ですよ。これから繁忙期ですし、気持ちを切り替えて頑張ります

Aさん

上司
いや、有休を取ってリフレッシュしてきなさい。元気がないのは黄信号だ。天が「休め」と言っているんだよ。これから繁忙期だからこそ、今のうちに体調を整えておきなさい

Episode・Column エピソードコラム

　名古屋大学大学院・医学系研究科の研究グループは、脳内で心理や情動を処理する「心」の領域と「体」を調節する領域とをつなぐ【「心身相関」の神経伝達路】を発見しました。

　グループの実験結果から、この神経路は大脳皮質の心理ストレスの信号を視床下部へ伝えることにより「多様なストレス反応を促す、心身相関の重要な神経伝達路」であることが明らかになっています。

　この研究の成果は、パニック障害や心的外傷後ストレス障害（PTSD）、そして心因性発熱などのストレス関連疾患の画期的治療法の開発に有効であると考えられます。

　──という難しいことはともかく、要するに、心に元気がない時には何かしら身体に不調が起こっているのです。

　人生は長いです。そして、健康ほど大切なものはありません。

　だから体調が悪い時は、素直に自分の身体の声を聞いて、ゆっくり休んでいきましょう。

＊英語でも「まほうのことば」を使ってみよう。
A Cold often Leads to All Kinds of Disease.

明るさは、健康の源

──「ニコニコ明るい人」の周りには 自然と人が集まってくる

「いつもニコニコ、明るい人」。

あるいは、

「いつも、どんよりとしている暗い人」。

さて、あなたはどちらの人と一緒にいたいですか？

たいていの人は、「明るい人」と答えるでしょうね。「ニコニコ明るい人」からは、良いオーラが出ています。そばにいるだけでも楽しくなります。

「ニコニコ」していれば健康も保て、その笑顔に、自然と人も集まりますよね。感覚的にも、そのほうが長生きできるというのは納得できます。

まさに「明るさは健康の原点」ですね。

あなたはどうですか。明るい気持ちで毎日を過ごすことができていますか？

もし、そうでもないな……と残念な気持ちになった方も大丈夫ですよ。本書でこれまで読んできたことを実践していけば、無理せずに明るい人になっていきます。

復習の意味も兼ねて、行動リストをつくってみました。

少しずつ意識してみてください。

1. **毎日、ちょっとしたことでも「ありがとう！」と明るく言ってみましょう。**
   → あなたの小さな「ありがとう」で相手も笑顔になります。すると自分も笑顔になれるはず。

2. **良いことでもそうでないことでも、「ついてるなあ！」とつぶやいてみましょう。**
   → 不運なことがあって気持ちが凹んでも、そのことを友だちに話したり、SNS で面白おかしく発信できると思えば、「ついてるなあ！」となれるはず。
   ただし、SNS での発信では、名誉棄損やプライバシー侵害などには気をつけましょう。

3. **他人や物事の「いいところ」を見るようにしましょう。**
   → どんなに酷いと思える人やモノ、出来事にも、どこかに必ず「いいところ」はあります。それを探すようにするのです。
   悪いところを見つけることなど誰にでもできます。それに対して、いいところを見つけるのは意識していないと難しい。しかし、それが実は楽しかったりするのです。
   そして、いいところを探す習慣が身につくと、自然といつも前向きでハッピーな気持ちになっていきます。当然、性格も明るくなっていくわけですね。

4. **小さな目標を設定して、毎日クリアしていきましょう。**
   → 勉強が好きな子やデキる子は、別に難しい問題ばかり解いているわけではありません。本人は意識していなくても、鼻歌まじりに解けるような簡単な問題を実はたくさん解いています。
   そうすることで達成感があり、やる気が続き、もっと難しい問題にも挑戦する意欲が湧いてくるのです。

5. **何か自分が楽しめるスポーツをしてみましょう。**
   → 体力をつけて自信をつけることもそうですが、スポーツを楽しくやっていると、自然に声も出て、笑顔になれるものです。
   運動が苦手であれば、今はやりの e スポーツでもいいと思います。
   ただし、プレイしていて、途中でも結果でも、どこかで笑顔が生まれるタイプのゲームがいいと思います。

仕事で成功するために

Aさん

「ニコニコ明るい人」と「どんより、暗い人」。もし仕事で付き合うなら、どっちがいい？

明るい人でしょ、やっぱり

Bさん

Aさん

そうだよね。一般的にはそうなる。その人の本当の性格は違うのかもしれないけれど、仕事での付き合いなら、見た目で判断されてしまっても仕方ないところもあるからね

だから、できるだけ明るくふるまっていたほうが、仕事はうまくいくんじゃないかな。それに明るさは健康の源になるだろうから、何よりも自分のために明るく、健康で、朗らかでいたいわね

Bさん

Episode・Column エピソード コラム

　『Forbes JAPAN』のサイトに、米国の研究では、「10代の頃に見られた人格特性から、数十年後の死亡リスクを予測できる可能性がある」と紹介されています。

　その結果をまとめると、死因に関係なく48年後の死亡リスクが相対的に低いのは、次のスコアが高かった人だそうです。

　「共感性」「平静さ」「几帳面・組織を優先する傾向」「知的好奇心」「活力」「成熟度」「衝動性の低さ」

　若い頃のこうした性格が健康に影響を及ぼしていて、研究チームは「ストレスの感じやすさに違いがあると考えらえる」としています。

　私は、以上のような「長生きの傾向がある性格」をひとまとめにすると、「笑顔の多い人」とも言えると思うのですが、皆さんはどのように思われますか。

＊英語でも「まほうのことば」を使ってみよう。
Love Begets Love./ Like Attracts Like.

人は支え合って生きていくもの

──仲良くすることは、幸せの泉となる

「♪1年生になったら、1年生になったら、友だち100人、できるかな」

小学校に入学する前、私はこの歌を歌ってワクワクしたものでした。

実際、人見知りがなく、誰とでも気兼ねなく話せた私は、たちまちのうちにクラスのみんなと仲良くなりました。まさに、まずは「友だち40人」ができたのです。

その後は日本最北端の地に引っ越して、毎年クラスの仲間が変わることで、40人ずつ、3年間で合計120人もの友だちをつくることができました。仲良くしていると、生活はホント、楽しいですよね。お互いに助け合うこともできましたし、今思い返してみると、「仲良くすることは、幸せの泉となる」のですね。

では、どうしたらみんなと仲良くなれるのでしょうか？ 要は「自分がされて嫌なことは、しない」に尽きると思います。

もっとも、自分と他人とでは、それぞれの価値観が違います。ですから、「自分がしてほしいことは、他人もしてほしいと思っている」とはならないので、親切心から出た行為でも注意が必要なこともあります。ともあれ、まずは最低限、自分がされて嫌なことはしないという姿勢は大事ですね。

「人」は「支え合って生きる動物」です。仲良く生活できるに越したことはありませんよね。

自分勝手な子どもを注意する時に

子

俺は誰にも迷惑をかけてない。友だちもいらない。自分の好きなように一人で生きていくから、いちいちうるさいことを言わないでくれよ

本当に一人で生きていくなら、北極とかサハラ砂漠とかに行って一人で暮らしてごらん。人間は一人では暮らせないんだよ。人と人との間にあるから「人間」と言うんだし、おまえがご飯を食べられるのも電気を点けられるも、社会のいろいろな人の支えがあるからできるんだ。そう考えたら、どんな人にも感謝できるだろ。仲良くするに越したことはないんだ。それが人間の知恵なんだよ

父

Episode・Column エピソード コラム

　イタリアの心理学者セラーロ氏らは、「相手に対する信頼行動」に関する調査を行いました。「お金を、相手にどのくらいの金額まで預けることができるか」といった実験です。

　この実験では、20歳前後の男女40人が、2つの課題を与えられました。

　1つは「発散的思考」の課題・日用品の使い道について、数多くアイデアを出す。
　もう1つは「収束的思考」の課題。「morning／朝」「wake／目覚め」「stop／停止」のような3つの単語から、連想するもの

を、答えとして1つ導き出す。

　（答え「alarm clock ／目覚まし時計」）。

　各課題に10分間取り組んだ後、今度は「信頼ゲーム」です。

　彼らは小銭を実験者から渡され、「そのお金を相手にいくら預けるか」を決めるように言われました。預けた後には3倍に増えて、相手がいくらかを返金してくれれば、その金額が自分の取り分になります。

　ただし、預けてくれた人に相手がどのくらいの金額を返すかは、その相手次第です。

　結果として、「発散的思考」を行った人たちのほうが、「収束的思考」を行った人たちよりも、相手を信頼して、より多くのお金を預けたことがわかりました。

　つまり「より多くのアイデアを出す」という、気持ちを発散させる考え方を持った人々のほうが、「連想する」という、内面的に向かわせる考え方を持った人たちよりも、「自分と他人との信頼関係を増やす」ことができたのです。

　結果として、【各人が集まってさまざまな意見交換をさせる】といった考え方から、他の人たちとの連携により、お互いに協力をしていくことができるようになるのです。最終的には仲間意識が芽生えていき、その場は「幸せの泉」となっていくことでしょう。

＊英語でも「まほうのことば」を使ってみよう。
Birds of a Feather Flock Together.

約束を守る

──義務、と考えるからつらくなる。
お互いの利益のため、と考えよう

「♪ゆーびきり、げんまん、うそついたら、はーりせんぼん、のーます」

子どもの頃によく歌ったものですが、今、改めてこのことばを解釈すると、ものすごく怖い「約束」をしているのですね。

「約束」というのはそれほど大事な「人と人との決め事」だということを教えているのでしょうか。

たしかに、約束を守ることは大事ですが、それを義務である、と考えるとつらくなってしまいます。そうではなくて、約束を守ることで、お互いに決められたことが成し遂げられて、さらに発展していく ── つまり、自分も他の人も幸せになっていくことができると捉えることができれば、約束の印象も変わってきます。

お互いの幸せと未来のために、「プリコミットメント（事前約束）」も含めて、自分にも他の人にも誠実に、優しく接していきましょう。

約束を破りがちな友だちに対して

ごめーん！ 今日のアポをすっかり忘れていた……。ホントに申し訳ない！

Aさん

あのね、あなた、約束を破ったのは今回だけだったかしら？

Bさん

いや……2回目です……

Aさん

あのね……、約束はお互いの時間を調整して果たしていくものよね。また、この次の予定もお互いに合わせなきゃならないわよね。いいですか？ 約束を守れば、自分も他の人も幸せになれるんだからね。今度はしっかり守ってよ

Bさん

わかった。ことの重大さもわかった。ごめんね……

Aさん

Episode・Column エピソード コラム

　往年のプロ野球選手・落合博満さんは、三冠王を３回も獲得した名選手です。彼の凄いところは、「今年も獲るよ」とマスコミに宣言して、本当に何度も実現させたことです。

　また、彼は中日ドラゴンズの監督としても、就任早々に「新しい選手の補強はしなくても優勝できる」と宣言して、本当に優勝してしまいました。

　落合さんは、おそらく高い目標を公に発言することで後に引けない状態に自分を追い込み、そのプレッシャーを結果に結びつけてきたのだと思います。

　このように、「発言することで、それに見合った行動をとること」を「プリコミットメント（Pre-Commitment）」と言います。

　人は通常、「口に出したことは守らなければならない」という気持ちが働いて、そこから行動を起こす性質を持っています。

　また「うそをつくことは悪いこと」と、子どもの頃から学んでいるために「いったん口に出したら、相手もそれを聞いている」とも考えるのです。

　落合さんではありませんが、みんなの前で「宣言」をすると、後には引けなくなりますね。そのため、実現に向けて意識的に実行していくのです。

　例えば、受験生ならば、「半年でＥからＡ判定に上げて、大学に合格する」と、家族や友人に宣言してしまうのも効果的です。「後には引けない」と、一念発起して、その宣言した目標に向かって

突き進むことで、実現化されていくのです。

＊英語でも「まほうのことば」を使ってみよう。
True Friendship is a Promise You Keep Forever.

働くことを
楽しもう！

——今の状況を否定的に捉えず、
前向きに捉えてみる

　あなたは、働くことが楽しいですか？

　好きなことを仕事にしている人は幸せでしょうが、全体の割合からすると、そういう人はあまり多くはないかもしれませんね。

　でも、考え方を変えれば、好きな仕事ではなくても、楽しく働くことはできます。

　例えば、「働く」というのは、当て字で「端楽（はた - らく）」とも書けますよね。

　つまり「はたらくことによって、端（ほかの人たち）が楽をすることができる」のです。自分のためにもそうでしょうが、他の人たちも楽をすることができる、と考えてみてください。それは、めぐりめぐって結果として、自分のためにも返ってくるのです。

　「働き方改革」が叫ばれて久しいですが、そんなふうに考えればやる気も出てきますし、その上で、「次の休みはどこへ行こうかな」などと、仕事を終えた後の楽しみを見つけて、プライベートも充実させていきましょう。

　どうせ仕事をするのであれば、楽しみながら働きたいものですよね。

仕事にうんざりした時に

Aさん

あーあ、なんで俺たち、こんなに働かなきゃなんないのかなあ……。世間では【働き方改革】なんて言ってるけどさ

Bさん

そうだね。じゃあ、いっそのこと働かないで、遊んで暮らしてみる？ でも、刺激がない状況、つまり、ストレスのない毎日がずっと続くのも、健康には良くないみたいだよ

Aさん

いやいや、お金があったらもう働きたくないよ

Bさん

なるほどね。でもね、働きすぎや人間関係のもつれなどは、なんとか改善していかなきゃならないけど、良いストレスはあったほうがいいんだよ。だから、人生を充実させたければ働いたほうがいいんだよ。そして、どうせ働くなら、日々の仕事の中で工夫をして、ロールプレイングゲームのように《小さな目標をクリアしながら》楽しんで働くことを考えようよ

ぐったり…

　働くことを楽しむためには、いくつかのアプローチがあります。

　例えば、仕事を「ゲーム」と考えて、どうやって課題や困難を
クリアしていくかを考える方法です。

　ゲームだと思えば、簡単にクリアできてしまうようなものでは
満足できませんよね。皆さんは必死に攻略法を探ったり、他人に
教えてもらったりしてるでしょう？　そして、少しずつステージ
を上げていく……。仕事だって実は同じことなのです。

　どうしても難しくて、自分に合わないと思えば、ゲームを交換
すればいい。自分が得意で、最終的には勝てるゲームで遊ぶこと
も、人生を楽しく過ごすためには重要なことです。

　ちなみに、ゲームを気分よくプレーし、勝つためには、自分の
能力値を高めることも必要です。

　実際の仕事で言えば、勉強をしたり、経験を積んだり、頼もし
い味方をつくることなどがそうでしょう。

　加えてもう１つ。意外と皆さん意識していないのですが、自分
のパフォーマンスを常に良い状態に保つことも大事です。

　良い状態とは、健康で、睡眠が十分取れていて、脳が本来の実
力を発揮できる状態のこと。

　例えば、『最高の脳で働く方法 Your Brain at Work』（デイビッ
ド・ロック著、ディスカヴァー・トゥエンティワン）には、こん
な一節があります。

「脳はきわめて優れた性能を持つが、ハーバード大卒業生の脳でさえ、一度に２つのことをやろうとすると、８歳児の脳のようになりかねない」

　とても気づきが多い本ですので、仕事というゲームを楽しみたい人は、ぜひ参考にしてみてください。

＊英語でも「まほうのことば」を使ってみよう。
Pleasure in the Job Puts Perfection in the Work.

モノにも
生命（いのち）はある

──感謝をして丁寧に使い、感謝をして捨てよう

「モノに生命なんてあるわけないだろう」

まったく当然の意見ですよね。でも、こんなことはないですか？
・使っていた時計が急に動かなくなった。
・昨日まできちんと使えていた道具が、今朝になったら急におかしくなった。

　もちろん、何にでも寿命というものはありましょう。単純に、部品がダメになったのかもしれません。
　でも、あなたの使い方が乱暴で、モノを大事にする気持ちに欠けていたために、その寿命が短くなった可能性もあります。
　例えば、愛車を自分の子どものように大事にして20年以上も乗っている人や、100年前につくられたバイオリンを大事に扱っている人などを見ていると、人とモノの幸せな関係が羨ましくなります。やっぱりモノにも生命があるのでは？　と思ってしまうのです。
　あなたも、自分の使っているモノに対しては、感謝をして使い、その後は感謝をして捨てましょう。それが、めぐりめぐって自分自身を大切にすることにつながっていくのですから。

他者への感謝の気持ちを思い出すために

Aさん

あー、どうしてこんなにゴミがたまるんだよ！　見てよ、この机の上、書類だらけだよ……

書類だけじゃなくて、菓子パンの袋や空のペットボトルもそのままになっているようだけどね。小まめに捨てなきゃね……。それに、菓子パンの袋も今はゴミだろうけど、少し前まではパンを包んでくれていたものだったよね。だからパンは乾くことなく鮮度やおいしさが保たれていたわけでしょ？　であれば、単なるゴミと厄介者扱いをするんじゃなくて、「今までパンを包んでいてくれてありがとう」と感謝をしながら捨ててもいいんじゃないかな。パンの袋をつくっている人たちにも……

Bさん

Aさん

なるほど。いいことを言うね。そういう視点から考えると、ゴミは単なるゴミじゃなくなるね

そうよ。だから、ごみ箱も、「美しさを護る」箱と考えて、「護美箱」と考えたらどう？

Bさん

　「モノを片付けられない」という状態は、心理学の上では、どのように分析できるのでしょうか？　心理学者の植木理恵氏は、こんなアドバイスを送っています。

　ざっくり要約すると……。

　心理学では、日常生活において成功させるための行動様式を「物量型」「要領型」「外注型」の３つに分けて考えます。

　そのうち、モノをたくさん買う「物量型」の人は、「持っていると嬉しい」というロマンティックな方であり、「今買わないと後悔する」という不安感を募らせている人です。

　また、片付けられる人は、左脳派なら「使わないから捨てる」、右脳派なら「ときめかないから捨てる」と、悩まずに捨てることができます。

　反面、片付けられない人は頭の中も整理されていないのです。「もう使わない」と、左脳が判断しても、「いつかまた使うかもしれない……」と右脳も主張して、どっちつかずの状態があって捨てられないのです。

　このタイプの人は、【対策】として、部屋ごとにテーマを決めるとよいでしょう。リラックスするための部屋、仕事場など、目的別に置き場所を決めると、モノの置き場も決まっていきます。

このように自分自身の今の「立ち位置」がわかると、片付けに対しては前向きになりますよね。その時には、ぜひ「モノさん、ありがとう」と言いながら、もしくは心で感謝をしながら、片付けをしていきましょう。

---

*英語でも「まほうのことば」を使ってみよう。
We Never Know the Worth of Water till the Well is Dry.

手放せば、入ってくる

Phrase.24

——処分をすれば、その分の『空き』ができる。物理的にも、精神的にも

　あなたの部屋は片付いていますか？

　まさか、捨てられないモノが山のように積み上げられた「汚部屋」に住んではいませんか？

　そこまで極端ではなくても、雑然とした環境の中で暮らしている人は多いと思います。もし、あなたが今、運が悪いと感じていたり、人生が思うように好転しないと感じているのなら、住んでいる環境を整理できていないからかもしれません。

　自宅が散らかっている原因は、端的に言ってモノがありすぎるのです。いっそのこと、必要のないモノは思い切って手放してしまいましょう。

　そうすることで、置き場所が広くなり、その空いたスペースに改めてモノは入ってきます。「断捨離」「全捨離」ということばがありますが、まさにこれも「手放せば、入ってくる」の実践ですよね。

新しいチャンスを得るために

Aさん
あー、またまた書類、書類で、紙の山だよ。どれも、なかなか捨てられないんだよなあ

Bさん
要らなくなったモノは、感謝をしながらどんどん捨てていこう。ついついため込んでしまいがちだけど、処分すれば、その分の空きスペースができる。物理的な空間もそうだけど、精神的にも、また新しいモノを入れる余裕ができるんだ。手放せば入ってくるんだよ

Aさん
なるほど。仕事のチャンスも友人関係も、同じことが言えるかもしれないね

キリッ

Episode・Column エピソード コラム

　大きな目標達成のためには、一度「目標をあきらめる、夢を手放す」ということが大切です。

　「手放す、あきらめる」と聞くとなんだか悪いことのように感じてしまいますよね。しかし、必ずしも否定的な意味で捉える必要はないのです。

　なぜなら、今持っている（抱えている）ものを手放せば、「手」が空いて、新しい別のものが手に入る可能性が出てくるからです。

　手が空いているわけですから、自分も積極的にその可能性を探るようになります。考え方が変わり、行動が変わり、幸運を引き寄せることができるのです。

　例えば、サルが小さな穴に手を入れて、その中にあるクルミを取り出そうとしているとしましょう。しかし、クルミを握っていると穴から手が抜けません。手を抜くにはクルミをあきらめる必要があるのです。でも、今掴んでいるものはあきらめ切れない。実際には、食べられないのに、です。

　ちなみに、これは人間の話でもありますよ。

　人間にとって、そのクルミは、今、執着している何かです。その執着を手放せば、新しい可能性を見つけることができます。自由に生きることができます。

　ただ「手放せばいい」。そうすれば、新たに「入ってくる」のです。

---

*英語でも「まほうのことば」を使ってみよう。
YOU can get it after you leave it.

両親を大切に

——時には、この『奇跡的な確率』の幸運に感謝をする

　人間であれば、誰もがお父さんとお母さんから生まれてきていますよね。生まれた後の成育歴は人それぞれでしょうが、それでも、あなたはお父さんとお母さんがいなければこの世に生まれてはこなかったのです。

　よく考えれば、これは奇跡のような確率です。その確率は１億分の１とも、２億分の１とも言われているのです。そんな奇跡を考えたら、もう、どんな不満があろうとも、すべてが取るに足らない出来事なのではないでしょうか。

　皆さんも、時には今ある生命に感謝をして、ご両親の愛情に思いを馳せてみましょう。

親に不満がある時に

Aさん

僕は、お袋とはなんとかうまくやっているんだけど、親父がね……。 とにかく頑固で馬が合わないんだ……

なるほどね。でも、あなたが子どもの頃から、お父さんはずっとそんな感じだったの？

Bさん

Aさん

えっ？……いや、僕が幼稚園くらいの時には、結構ニコニコしながら遊んでくれた覚えはあるなあ……

そうでしょ？　いつでもガミガミ、プンプンじゃないはずよ、お父さんだって。あなたはお父さんとお母さんがあって生まれてきているんだから。お父さんだって悪い人じゃないでしょ？　じっくりと話し合ってみたら？【お父さん、お母さんを大切に】してあげてね

Bさん

Aさん

そうだね。親父だって、話し合えばわかるよね……

Episode・Column エピソード コラム

　親子関係の脳科学は、どのように現実の人間社会に役立つ可能性があるでしょうか？

　「女子短大生がこれまで両親とどのように関わり、両親からの愛情をどう認識しているか」をテーマとして、そのことが「彼女たちの結婚や出産に対する考え方」と関連があるかについて検証した心理的調査があります。

　それによると、両親からの愛情を強く認識している女性は、結

婚相手の条件として「価値観が近い」ことを重視し、「好きな人の子どもが持ちたいから」自分の子どもが欲しい、と回答しました。

　一方、両親からの愛情を強く認識していない女性は、結婚条件を「学歴」や「経済力があること」と数多く回答したのです。

　これは「親から強い愛情を感じている」ことで、親から「愛しているよ」「大切だよ」ということばをかけてもらったり、身体の抱擁や意見を尊重してもらったりして、いざという時には両親は助けてくれると信じている女性は、結婚や出産に対して前向きに物事を判断できるということなのです。

　すなわち、親が子ども（自分）を愛してくれていて、子どもの考えを尊重し、信頼してくれているという実感があると、子どもも親を信頼し、最終的には自分自身をも信じることができるのです。

　この心理的な実験では、前向きに捉えると【子どもと自分との親子関係に幸せを感じている人は、当の自分自身が親に十分にかわいがってもらった、または大いにほめられてきた、という幼少期の楽しい経験が背景にあることが多い】という結果になりました。あったかい結果ですね。

＊英語でも「まほうのことば」を使ってみよう。
I Sustain Myself with the Love of Family.

堂々と生きる

——自分の子どもや孫にも、恥ずかしくない態度をとろう

　親と子ども、もちろん別々の人格なのですが、親があって子があるのと同じように「子は親の背中を見て育つ」とも言われています。のんべんだらりなオヤジさんや浪費癖のかあさん、なんて、子どもの良き見本にはなりませんよね。

　誰もが聖人君子ではないですが、親たるもの、せめて自分の子どもには恥ずかしくない態度をとりたいものですね。

　もし、自堕落な自分や利己的な自分、器の小さな自分、他人に冷たい態度をとる自分、悪口や陰口を言う自分……などマイナスの状態にある自分の姿に気づいたら、ぜひこんなことばをつぶやいてみましょう。

　「自分の子どもや孫にも、恥ずかしくない態度をとろう!」

人間関係のトラブルにおいても

夫

> お隣の〇〇さん、本当に嫌なヤツだよなあ。顔も見たくないよ!　引っ越してきて大失敗だった

そうね。でも、こちらから挨拶はしっかりしようよ。それでも無視したら、それは相手の問題だし、子どもたちのためにも私たちは堂々と生きていきたいわ

妻

夫

君は立派だな。……わかった。僕も、自分の子どもたちにも恥ずかしくない態度をとるよ

Episode・Column エピソード コラム

　親は子どもの前で、どのような態度・ふるまいを心がければよいのでしょうか？

　アメリカの心理学者 P.M. サイモンズ氏は、子どもの性格と親の態度の関連性についてまとめています。

　「支配型」か「（子どもに）服従型」か。あるいは、「保護型」か「拒否型」かという２軸による分類です。

　親のタイプを聞くと、だいたいどんなことになるか、想像ができますよね。

　例えば、支配すれば子どもの自主性・自発性・独立心が失われるし、子どもの顔色を窺うような育て方をすれば、子どもは自己中心的な性格になりやすい。

　また、親が無関心だったり、無視したりしていれば、子どもは神経質で落ち着きがなくなりやすい。

　では、親は、どうしていけばいいのでしょうか。

　私は厳しくするのも、過保護にするのも、単純にそれがダメとは

思いません。

　厳しくすることでその子が自分の人生を生きていく力を身につけられますし、一方、過保護に育てた場合でも、その子には愛情を一身に受けてきた人が持つ良さがあります。

　とはいえ、これからの世の中を生き抜き、幸せな人生を送ってもらうためには、やはり子どもの自主性・自発性を伸ばすことは強く意識しておくべきでしょう。自分で考えさせ、自分で決めさせ、決めたことは守らせるのです。

　ただし、それは親自身も例外ではありません。

　勉強にしろ、読書にしろ、マナーにしろ、社会的ルールにしろ、親がやらない（守らない）ことは、子どもがやるわけがないのです。

---

*英語でも「まほうのことば」を使ってみよう。
The Sensible Common Parents, Rather than the Most Talented Teacher in the World, Can Educate Their Children.

志高く!
──小さな目標を達成しながら、常に大きな目標を描こう

　気持ちは大きく持ちましょう。

　小さな目標よりも大きな目標のほうが、未来はより開けてきます。ただし、その段階は小幅にしましょう。まずは「小さな目標」をこなしていって、最終的には「大きな目標」に到達していくのが理想的です。

　そうすることで達成感が生まれて、心地よくなっていきます。まさに「気持ちを高く持てば、心も豊かになる」わけですね。

　筆者の大好きな歌に、『手のひらを太陽に』(作詞:やなせたかし)という童謡があります。

　「♪手のひらを太陽にすかしてみれば　真っ赤に流れるぼくの血潮♪」
　という歌詞は、皆さんもご存知でしょう。

　この詞では、自分の「手のひら」を「太陽」に向けて高く掲げることで「自分は生きている」ということを確かめていますが、私は、それと同じように、気持ちを高く持てば(掲げれば)心も豊かになると思っています。

試験前の不安を乗り越える時に

Aさん

昇進試験まで、あと1週間。僕が課長になれるかどうかの瀬戸際なんだ……。準備はしてきたつもりだけれど、なかなか落ち着かないよ

あなたは課長になりました！ おめでとう！

Bさん

Aさん

ん？ 試験はこれからだよ？

もうすでにそうなった、という意味でお祝いをしておくのよ。どう？ 課長！ と言われる気分は？

Bさん

Aさん

いやあ、なんか照れるなあ……。でも、だんだんその気になってきたよ

そうそう。その調子。でも実は、あなたの目標は役員になることでしょ？ 偉くなって、自分のやりたいことをやってほしい。会社だけでなく、社会を良くしてほしいな。あなたも、そんなふうに気持ちを高く持てば、心も豊かになるんじゃない？ はい、もうあなたは課長です！ 課長として、今後は私たちをご指導くださいね！

Bさん

Aさん

ありがとう！ がんばるよ

Episode・Column エピソード コラム

　子どもの能力を伸ばしてあげるために、1つの参考となる考え方があります。

　アメリカの心理学者ハーワード・ガードナー氏が提唱する「多重知能理論（Multiple Intelligences）」です。

　彼は知能を8つの領域に分けた上で、子どもはそれぞれ高い知能を持っている領域があり、その長所を伸ばしてやるべきだと主張しています。

　その8つの領域とは、次のようなものです。

　「言語知能」「数学的論理知能」「空間知能」「運動感覚知能」「音楽知能」「対人知能」「内省知能」「博物的知能」

　その名称から、それぞれがどんな仕事に向いている知能なのかは想像がつくと思います。

　私たちは、つい主要5教科の偏差値や論理能力を指して、「優秀だ」とか「知能が高い」と評価してしまいがちですが、知能の種類や組み合わせの優秀さは、そんな狭い範囲の物差しで測れるものではありません。

　親は、一人ひとりの子どもをよく見て、欠点を直すことにとらわれるよりも、高い領域の知能をもっともっと伸ばしてあげるべきでしょう。

　まさに、これも「希望を高く持つことで心が豊かになる」という一例です。

＊英語でも「まほうのことば」を使ってみよう。
You Never Know How Close You Are…
Genius is 1 % Inspiration and 99 % Perspiration.

まずは、気持ちから!

——信じていれば、成し遂げることができる!

「言霊」ということばが日本語にはあります。文字通り「ことばの魂(霊)」です。辞書上の意味では「口に出して音(声)にすることにより、発したことば通りの結果をもたらす力がある」ということです。

そうであるならば、いっそのこと「信じて」いることを、ことばにして発してしまいましょう。場合によっては、紙に書いて、見えるようにしておきましょう。さあて、どのようなことが起こるでしょうか?

信じていれば、成功に導かれる。まさに「信じていれば、成し遂げることができる!」のです。

まずは「気持ち」からですね。

やる気を出したい時に

Aさん

> あーあ。暑いし、眠いし、疲れたあ……。全然、勉強する気になんてならない。そもそも仕事をしながら勉強なんかしても、受かるわけがないよ……

> 私は受かるよ！　受かる、受かると言い続けているわ。そして、受かったら、この資格を使ってどんなふうに仕事をしていこうかな？　といつも考えてるの。グチをこぼしているよりも、そのほうがやる気が出るし、毎日楽しく過ごせるでしょ

Bさん

Episode・Column エピソード コラム

　上記の会話例にあったように、なりたい自分や望む結果について口に出して言い続けるほうが、良い方向に進むことは学問的にも研究されています。

　東洋経済オンラインで、学習コンサルタント・宇都出雅巳氏が紹介していますが、例えば、脳科学や認知科学、心理学でいう「プライミング効果」と関わっています。これは、「ことばが行動に影響を与える効果」です。

　望ましい結果を発して、記憶に植えつける「プライミング効果」を活用して、「きっと○○できる」とことばにしてみてください。

　場合によっては「○○できた！」と、過去形で口に出すものより

効果があります。なぜならば、脳は主語を理解しないことから、「既にできてしまっているのだ」と、次第にその行動を現実化させてくれるからです。

　記憶に働きかけることで、自分の「性格」「行動」も変化する【プライミング効果】を積極的に取り入れて、あなたの人生を幸せに変えていってください。
　心がけるのは次の３つです。

（１）自分がしたいと思うこと対して、前向きで、積極的なことばを何度も発する。

（２）「○○できた！」と、過去形で言い切るほうが、より効果的である。

（３）行動を起こしたい出来事について、過去の「記憶」を分析し、小さい成功体験を積む。

＊英語でも「まほうのことば」を使ってみよう。
Where There is a Will, There is a Way.

自分も、
他人も、大切に

——「情けは他人（ひと）のため」ではないのです

　利己主義の代表的なことばにこんなものがあります。

「自分さえよければいい」

「後は野となれ山となれ」

　自分を大切にするのは当然です。でも、他人のことを考えられず、「自分だけ」を優先してしまう人は、一時は良い思いをしたとしても、後々、大きなしっぺ返しをくらうことでしょう。

　世の中や人生というのは、その点、よくできています。

　人間は一人では生きられません。お互いに助け合うことで社会をつくり、生き抜いてきました。文字通り、「情けは人のためならず」なのですね。

　ところで、私が好きなお話に「天国と地獄の違い」を表現したものがあります。

　ある食堂に、中華料理の円卓のような座席があります。そして、そこには豪華な料理と「腕の長さよりも長い箸」が置かれていて、複数の人間がその円卓を囲んで座っています。

　「地獄」にいる人たちは、我先にと、自分の手前にある箸を使って料理を自分の口に入れようとします。しかし、箸が長すぎて食べ物を口元に運ぶことができません。

　一方、「天国」にいる人たちは、自分の手前にある箸を使って、料理を対角線側の人の口に運んであげます。相手もその箸で、自分の口に入れてくれ

ようとします。そうすることで、お互いに料理が食べられるわけです。

　実際の世の中もこれと同じです。

　あなたは「地獄」と「天国」、どちらがお好みですか？

自分を大切にするために

Aさん

とても疲れているのに、まだまだ元気そうなお年寄りに席を譲るなんて、Bさんは本当に優しい人だね

Bさん

そんなことはないよ。僕だって、足の骨を折った時に毎日のように席を譲ってもらったからね。みんな助け合って生きているんだから、自分も他の人も大切にしていこうと思っているだけさ

Aさん

なるほど。他人を大切にすると、自分を大切にすることになるんだな。ぼくも見習うことにするよ

　自分も他人も大切にしていくために、大事な考え方があります。
　それは、「自分に対して好意的に思ってくれる人に対して、幸せを願う気持ち」を持つほうが、「自分に対して否定的に向かってくる人に対して、ひがみや恨みを募らせる」よりも、はるかに大事であるということです。

　米ヒューストン大学のメラニー・ラッド教授らの研究では、「社会貢献をしたい」といった漠然とした目標の行動よりも「他人を笑顔にしたい」や「ものを再利用して、その量を多くしたい」といった、より具体的で実行に移しやすい行動をした被験者のほうが、幸福度が高いという結果が出たそうです。
　前述の堀田秀吾教授（P.55 参照）も、自分自身で気分が悪くなるようなことを考えてしまい、気持ちを萎えさせてしまうよりも、落ちているゴミを拾ったり、席を譲ったりするほうが極めて健康的だと指摘しています。
　人生を幸せなものにしたければ、他人に親切にしたり、ボランティア的な行動を心がけたりして、自分も他人も大切にすることが大事なのです。

　　　　＊英語でも「まほうのことば」を使ってみよう。
　　　　　Peace Begins with a Smile. /
　　He Liked to Like People, therefore People Liked Him.

人生はドラマ

――幸せになるために脚本を変えていくのも自分である

　「おぎゃー」とこの世に生まれてきた時から、あなたの人生は「あなたが主役」です。

　なぜなら、今生きているのは、「あなた自身の人生」だからです。

　当たり前すぎて「何を言っているの？」と不思議に思う方もいるかもしれませんが、皆さん、意外とその大切なことを忘れているものなのですよ。

　例えば、あなたの学校や職場に意地の悪い友人・同僚がいたとしましょう。何かあると自分に嫌味を言ったり、いじわるをしてくるような人が……。

　あなたは、そのたびに腹を立てたり、気分が落ち込んだりすることでしょう。人間には感情があるので、それは仕方のないことです。嫌な同僚がいるのは仕方ないし、自分の感情が乱れるのも仕方がない。

　でも、そんな感情をいつまでも引きずっていると、主役はその「腹の立つ相手」になってしまいます。そうなる前にその嫌な感情を手放して、いち早く主役の座を「自分自身」に戻してしまいましょう。

　そのためには、こう思うことです。

　「いじわるな脇役が、今日もドラマを盛り上げてくれているなあ」

　ただし、自分に対する行為があまりに酷いと感じたら、上司に報告するなりしてすぐに手を打つか、あるいは、サッサと辞めて環境を変えていくことも、時には必要です。

　人生の主役は「あなた自身」です。ドラマには悪役も必要ですが、脚本を

変えていくのもあなた自身です。自分が幸せになることを最優先にして、行動していってくださいね。

何か行動を起こしたい時に

Aさん

この前の昇進試験からもう1年だな……

Bさん

もう吹っ切れたでしょ。〇〇先輩が課長になって、課内もだいぶ雰囲気が変わったけど……

Aさん

そうだね、次は俺の番だ！

Bさん

そうよ、あなたの人生はあなた自身が主役なのよ。そういう大きな気持ちを持っていこうよ

Aさん

そうだね……。ようし、改めて、気持ちを切り替えていくぞー

　「自分が主役である人生を送る」——これは誰もが望んでいることだと思います。カウンセラーでマインドアクティベーターのKUMIKO 氏は、こう説きます。

【腹立たしい誰かに、自分の人生の主役を渡さない】

　たしかにその通りです。

　そのためには、まず話すことば（内容）の「主語」を変えること。

　例えば、「誰々がこう言った」とか「誰々はこういういじわるな人だ」とか「どういうつもりでこういうことをするのだろう？」……これでは、自分の人生なのに、そのイヤな相手が主役になっていますよね。

　視点を変えていきましょう。

　他人は関係ない。考えるのは、まず自分がどうするか、どう思うか、どうやって気持ちを切り替えるかです。

　その人のことを見限ってもよし。事情が許すなら、自分が環境を変えて距離を置いてもよし。

　とにかく、相手の言動が気になったら、その相手のことは、あなたの人生のドラマから（頭の中で）退場させましょう。いちいち相手の内面などを考えるのはやめるのです。

　その映画や舞台の主役は、あなたです。あなただけにスポットライトを当てましょう。

＊英語でも「まほうのことば」を使ってみよう。

Life Is NOT about Finding Yourself. Life Is about Creating Yourself. /
Everyone Is Necessarily the Hero of His Own Life Story.

継続は力なり

——決心することは大切だが、それを続けることは、より以上に大切である

　成功した人は、途中でやめなかったから成功した ——。

　よく言われることですが、この意味を本当に理解して、実践している人は、世の中全体の何パーセントいるでしょうか。もしかしたら、ほんの一握りなのかもしれません。

「継続は力なり」 ——。文字通り「続けることで、力になる」ですね。

　別の言い方をすれば、【決心をすることは大切だが、それを続けることは、より以上に大切である】ともなりましょう。

　どちらも筆者の座右の銘の1つになっています。

　前言は我が恩師のことば、後言は筆者が「日本列島徒歩縦断」をしていた最中に出合ったことばです。

　何事も続けているから「ものになる」。続けているからこそ、チャンスも訪れるのです。

　ところで、「成功」の反対とは何でしょうか？

　一般的には「失敗」ですよね。でも、成功哲学の立場としては、成功の反対は「何もしないこと」です。何もしなければ成功することもないのです。エジソンも言っているように、「失敗とは成功に近づいている道しるべ」なのです。

　だから、あなたも、何度か失敗したからといって、ちょっとやってみて結果が出なかったからといって、簡単にあきらめないでくださいね。

くじけそうになった時に

Aさん

ああ……このプロジェクト、大変だなあ。なかなか進まないや。課長昇進にも有利かなと思って手を挙げたけど……。こんな状態になっちゃったから、やる気にならなくてね。これって、誰がやっても無理な話だよ。貧乏くじを引いてしまったかなあ

継続は力なり――じゃない？ 今投げ出したら、これまでの努力も評価もまったく無駄になってしまうわ。事情はわかった上で、あなたの仕事ぶりを見ている人はいるわ。それに、もし成功したら、評価はすごく上がるんじゃない？

Bさん

Aさん

そうだね、ありがとう！

　物事を継続することは大事だ、と科学的にわかる研究があります。

　1つは、専門家になるために必要な時間です。

　アメリカの心理学者エリク・エリクソン氏は、さまざまな分野で優れた専門家となるためには長期間の持続的な訓練が必要であり、一般的に彼らは10年以上のスパンで1日3時間以上の努力を行っていることを指摘しました。

　何年か前にトレーニングの世界で話題となっていた、「1万時間以上の努力をすればプロになれる（プロになりたければそれぐらいかかる）」という話です。

　また、興味深いのは、これらの長きにわたる訓練によって、人間の脳の構造が後天的に変化していくのがわかったことです。

　イギリスの認知神経科学者エレノア・マグワイアー博士によれば、ロンドンのタクシー運転手は、長年にわたって複雑な地理とルートを把握して走っていた結果、彼らの脳の、記憶や空間把握に関係する海馬という器官が大きく成長していたそうです。

　昔から、「物事をたくさん覚えた人（＝努力や鍛錬を数多くしてきた人）は、脳のしわが深い」と言われますが、人間の努力は筋肉や心肺機能だけではなく、脳の形そのものをも変えるのですね。

　やはり、継続は力なりです。

＊英語でも「まほうのことば」を使ってみよう。
Practice Makes Perfect.

どこかに、私を待ってる人がいる

──ダメなのはあなたではなく「あなたと今いる環境との相性」である

　私は教員として、高校や大学などで、多くの悩める若者と接してきました。
私が彼らによくお話ししてきたのは、
「今、自分がいる狭い場所だけで物事を考えない」
ということです。
　例えば、大学受験や就職活動において、あなたは何を重視しますか？　偏
差値？　給与？　勤務待遇？　勤務場所ですか？　──もしも「住む場所」
に対して制限があったなら、その選択はかなり狭まることもありますよね。
逆に「どこでも行く！」と、割り切ってしまえば、その幅はかなり広がります。
　転職だってそうです。今勤めている会社が楽しくなく、自分の力を発揮で
きないと思ったら、自分を評価してくれる環境を求めて動いてみればいいの
です。ある会社で「使えないヤツ」と言われていた人が、転職したとたんに
「仕事ができるね」と言われることなど、よくあります。そうなれば、その「転
職」先は、もうあなたの【天職】なのです！

　もっと言えば、恋愛だって結婚だって、そうです。
　「モテる」とか「ステキ」とか「いい人」の基準なんて、場所や相手によっ
てまったく変わるのです。だから、精神的にも肉体的にも、「旅」に出ましょう。
　昔のヒット曲の歌詞にもありましたね、「日本のどこかに、私を待ってい
る人がいる」のです。

ダメなのはあなたではないのです。あなたと、今あなたがいる環境との相性なのですよ。

　《そこ》に、そして、《その人》に出会うまで、結果を恐れず前向きに挑戦していきましょう。

会社ガイヤになった時に

Aさん

　もうこんな仕事、辞めてやる！　Ｃ部長が例のプロジェクトを早々に却下してきたんだよ。社内ではけっこう評判が良かったのに、なぜか全部ダメ出ししてきたんだよ！

　そろそろ限界のようね。いっそのこと、バーンと辞めて転職してしまえば？　英語ができるＡさんなら、働こうと思えば世界中どこでも働けるじゃない？

Bさん

Aさん

　そうかなあ……

　そうよ。「どこかに、私を待ってる人がいる」というようなつもりで、視野を広げなさいよ。仕事なんて、どこにでもあるわよ

Bさん

Episode・Column エピソードコラム

　「サードプレイス」ということばがあります。

　自宅や会社とは別の第3の場所——つまり、そこへ行けば心が休まったり、リフレッシュできたり、自分を必要としてくれる仲間がいたりする空間のことです。

　例えば、昔（？）のサラリーマンには会社の帰りに、夜のお店（クラブやバー、スナック）、居酒屋、赤ちょうちん（屋台）に寄って、心をリセットする人がたくさんいました。

　それは、お店だけに限りません。何かのサークル活動や勉強会、習い事、あるいは一人きりの長距離ドライブ、散歩、SNSなどのネット空間も、広い意味でのサードプレイスかもしれません。

　とにかく人間には、そういった「自分の居場所」がいくつも必要なのです。

　最近はコロナ禍のせいで、人に会わず、リアルな出会いが減っています。自分を待っている人と出会うためにも、積極的に行動範囲を広げていきましょう。

---

*英語でも「まほうのことば」を使ってみよう。
The Best Way for Your Future is to Create It.

そだねー

——人間関係を円滑にするには、まず相手に同意する（例外はアリ）

　このことばは、2018年に韓国平昌冬季五輪で行われた女子カーリング競技で、ロコ・ソラーレのメンバーが口癖のように発していたものです。標準語では「そうだね」の意味ですが、「そ」にアクセントを置くのが特徴で、メンバーの生まれ故郷の北海道・北見市（旧常呂町）の方言の１つです。

　「そだねー」と仲間のことばに同意をすることで、「私はあなたの意見を受け入れます」という意味にもなり、話し手も同意をされたということで、とても心地よい気分になれます。その結果、チームに一体感と自信が生まれるので、彼女たちも日常的に使っていたのでしょう。

　このように、人間関係を円滑にするためには、まずは相手の話をいったんは受け入れてみましょう。合いことばは「そだねー」。できれば明るく言ってみましょう。

　その上で、本当にそれが自分のためになるのか、ならないのかを吟味しましょう。まずは受け入れて、後から精査する。それが人間関係を良くする近道にもなります（＊もちろん、絶対に同意してはいけない時には使わないでくださいね）。

　逆に、対話をしていて心地よくない人は、「いや、でも、……」とか、「そうじゃなくて……」「というよりさ……」などと、相手をいちいち否定することばが口癖になっています。

　話している本人に悪気はないのでしょうが、相手の目には話がかみ合いに

くい人と映っている可能性があります。これは自分では気づきにくいので、信頼できる人にそれとなく尋ねて、自分の日頃のことば遣いを確認してみてください。

相手との心の距離を縮めるためにも

Aさん

僕は、人付き合いが下手でさ。Bさんと違って、人と親しくなるまでに時間がかかるんだよなあ。……どうすればいいのかな。正直に教えてほしい……

そうだなあ、A君は、頭が良いのはすごいし、自分の意見がちゃんとあるのはいいことなんだよ。でも、いったん相手の話を受け止めてあげられるといいかもしれないね

Bさん

Aさん

そうか……。ボクは、もしかしたら、自己主張を強くしてしまっているのかなあ……

完全に受け入れられなくてもいいんだよ。でも、最初は相手の言うことをきちんと聞いてあげるといいね。特に「そうだね」と同意するようにすると、お互いに気持ちの良い会話になって、親しくなりやすくなるんじゃないかな

Bさん

Aさん

そうだね！　それは大事だね

そうそう。その調子だよ（笑）

Bさん

　まず相手に同意した後に、自分の意見や気持ちを伝えていくことの大切はおわかりになったと思います。

　日頃から「自分は相手（周囲）に理解されていない」と悩む人や、「もっと上手に気持ちを伝えらえるようになりたい」と思っている人は、ぜひ試してみてください。

　ところで、ちょっと視点を変えて、「どうすれば他人の意見を上手に変えられるか」、あるいは「自分はどのように相手から影響を受けているのか」といったことを学びたい人に、お勧めの本があります。

　『事実はなぜ人の意見を変えられないのか――説得力と影響力の科学』（ターリ・シャーロット著、上原直子翻訳、白揚社）です。

　同書の紹介文によれば、《客観的な事実や数字は他人の考えを変える武器にはならないなど、認知神経科学が近年発見した数々の驚くべき研究結果を示し、他人を説得しようとする時に私たちが陥りがちな罠と、それを避ける方法を紹介》するとあります。

　その中に、こんな一節があります。

　「目の前にいる人の行動や信念に影響を与えたいのなら、まずその人の頭の中で何が起こっているのかを理解し、その人の脳の働きに寄り添う必要がある」

　これは、自分の思いや気持ちをぶつけるのではなく、まず「そだねー」と相手に同意して、相手の気持ちを理解していくという、本項の話ともつながるものだと思います。

*英語でも「まほうのことば」を使ってみよう
Yes, You're Right!

そだね〜

133

ことばの達人

日本語には、
ここまでご紹介したことばの他にも、
心に残ることばがいくつもあります。
きらめくことばを使いこなす達人たちのエピソードを交えて、
少しだけお裾分けいたします。

Episode.1
ついてる、ついてる！

• ♪

　かずさん――。

　かずさんは、住宅設備や水道材料に関する会社を経営する社長さんです。

　経営理念は「幸せへのチャレンジ」。そして社是は「お客様の喜びは私の喜び　私の喜びは我が社の喜び　我が社の喜びは社会の喜び」です。

　常に明るく仕事をするかずさんのモットーは、「前向き」であること。どんなに小さなことであっても、常に「ついてる、ついてる♪」と喜びます。

　かずさんの笑顔を見ているだけでも「癒やされる。元気になれる」と大人気なのです。

　かずさんの周りには、いつも笑顔が溢れています。

Episode.2
ごめんなさい

．．．．．．．．．．．．．．．．．．．．．．．．．．．．．．

ゆうさん・のぶ先生——。

　ゆうさんとのぶ先生は、オンラインツールZoomを用いて、毎朝5時30分から「しおり櫻倶楽部」という勉強会を開催しています。

　参加しているのは経営者。2022年7月19日現在で、なんと延べ1200回に達しました。毎朝、途切れることなく、無報酬で運営しているのです。

　お二人には都合によってどうしても運営できない日があるのですが、「ごめんなさいね。代わりによろしくお願いしますね」と頼まれると、参加者の皆さんは快く笑顔で代役を務めています。

　ゆうさんとのぶ先生の人柄、そして参加者の皆さんの心意気の素晴らしさがわかります。

　さらに付け加えるならば、お二人がお願いする時に「申し訳ありません」ではなく、「ごめんなさいね」ということばを使うことが、より良いコミュニケーションの潤滑油になっていると私は思うのです。

　そんな、ゆうさんとのぶ先生の元には、今日も日本全国、そして世界から、お二人を慕う仲間が集っています。

Episode.3
今は苦しいなあ、でも、
この後は楽しいことが待ってるぞ
・・・・・・・・・・・・・・・・・・・・・・・・・・・・

　公三氏——。

　土屋公三氏は、一代で7社を立ち上げ、うち2社を上場させた名経営者です。しかし成功に至るまでは波乱万丈の人生を送ってきました。

　北海道の商業高校を卒業した際には、志望していた会社から不採用になりました。サラリーマンを経験後に仲間と起業。北海道最大手の銀行からは融資を受けられませんでした。その後、事業は成長していきますが、北海道から本州に進出した際には、なかなかうまくいかずに苦労しました。前述の銀行が倒産した時には、他の多くの企業が連鎖倒産していく中、むしろそこから融資を受けなかったことで生き残ることができました。

　そのほかにも、公私において幾多の苦しみに直面してきた公三氏は、それらを乗り越えながらこう思えるようになったと言います。

　「今は苦しいなあ、でも、この後は楽しいことが待ってるぞ！」

　現在、公三さんが築いた土屋グループは、東京・銀座にショールームを構えており、1年後でないと予約が取れないほどの大人気の場所になっています。

Episode.4
夫婦は、一組の鏡なのだ
••

　ケンさん──。

　老舗の呉服屋に婿養子に入ったケンさんは、妻のお父さんに
高く評価され、仕事の面でも順風満帆でした。
　しかし、ある時から事業が傾き、倒産の憂き目に遭ってしま
います。
　大豪邸は借金のカタに取られ、公団住宅へ転居することにな
りました。
　しかし、そこで妻のあつこさんは、笑顔で夫のケンさんを支
えます。
　「だいじょうぶよ、ケンさん」
　妻のことばに支えられて、ケンさんは復活していきます。
　「元始、女性は実に太陽であった。真正の人であった」とは、
かの平塚らいてうのことばです。女性がにこやかであると、男
性もその笑顔につられて、にこやかになっていきます。
　まさに「夫唱婦随」。どこに行くにも奥様と常に一緒。まさ
に「夫婦は一組の鏡」になるのですね。

Episode.5
どうせ働くなら、楽しんで働こう！

・・・・・・・・・・・・・・・・・・・・・・・・・・・・・・・・・・

山元先生――。

　山元雅信先生は日立造船時代を皮切りに、敏腕企業人として数々の成功を収めました。セガ勤務時代には、2年間で売上を25億円から235億円に大成長させ、1998年に独立してからは最大30社の顧問を務めています。

　現在は、伊藤忠の会長からの示唆を受け、「山元学校」を開設。「世界を知り、自分を知る」をキャッチフレーズに、世界へ打って出る次代の若いビジネスパーソンを育て、人と人とのつながりをつくり出しています。

　御年79歳でありながら、ジーンズの似合う、「真摯なる紳士」。「あー、しあわせ＾０＾」が口癖です。

　先生の発するこのことばを聴いているだけでも、周りの人々は幸せな気分になれるのです。

　日々精力的に働く山元先生は、毎日「喜んで働く」の実践者と言えます。

Episode.6
手放せば、入ってくるぞ
● ●

しゅうじさん──。

　大島修治さんは、平成8年7月23日、大変な不幸に見舞われます。暴漢にガソリンを浴びせられて、全身が火だるまになってしまったのです。体の65％に大やけどを負い、総計15回もの皮膚移植手術を受けました。しゅうじさんの手の指は、足の親指を移植してきたものです。

　それでもしゅうじさんは、幾多の苦痛や苦難苦行を乗り越えて、今では毎日「お元気さまです」ということばと共に、いつもニコニコしています。

　しゅうじさんは、その著書『人生逃げたらあかん』（致知出版）で被害者であるにもかかわらず、【すべては自分のせい。憎き犯人は、私がいかに傲慢であるかに気づかせてくれた】【犯人は私にとって、悪魔の顔をした応援団】とまで記しています。

　心身の壮絶な闘いの中で掴んだ、しゅうじさんの人生の真実──。それこそが「手放せば、入ってくる」だったのです。

Episode.7
自分の子どもや孫にも、恥ずかしくない態度をとろう
●●●●●●●●●●●●●●●●●●●●●●●●●●●●●●●●●

忠良さん───。

　北海道の酪農家の次男として生を享けた忠良さんは、毎朝牛の乳しぼりをし終えてから、中学・高校へ片道6キロの道のりを歩いて登校したそうです。

　高校を卒業後、18歳から55歳までの32年間は自動車販売会社で身を粉にしながら勤務。退職後は、奥様と共に社交ダンスに通いだします。

　その後は、歴史館のボランティアガイドを務めながら「市民大学」に足しげく通い、その大学の「博士号」まで取得するなど、学問への好奇心も旺盛です。

　「自分の子どもや孫にも、恥ずかしくない態度をとろう」と、意識的に思っているかどうかは定かではありませんが、とにかくこの忠良さんの身体は、今でも現役として鍛え上げられています。

　50代半ばの愚息としては、忠良さんの充実した毎日に、脱帽と敬服の日々なのです。

Episode.8
気持ちを高く持てば、心も豊かになる

ぜんゆうさん――。

　及川善祐さんは、宮城県南三陸町にある、明治期以来150年にもわたる伝統のかまぼこ屋さん『及善商店』を経営していました。

　しかし、2011年3月11日、東日本大震災の大津波により、店も工場も失ってしまいます。残ったのは十数億円の借金でした。

　途方に暮れたぜんゆうさんですが、こんなことでへこたれてはいません。まさに「希望を高く持ち続けた」のでした。「いずれ、なんとかなる！　負けてたまるか！」

　そのことば通り、彼は隣町に仮設工場を設立し、そこから巻き返しを図ります。冷蔵不要で常温でも日持ちがする新商品『旅するかまぼこ』を開発したのです。

　現在は故郷の南三陸町に新工場を建設。名産『リアスの秘伝』は「農林水産大臣賞」を受賞するなど、見事に業績回復を果たしています。

EpiSode.9
人生は大演劇である、
その主役は自分自身なのだ

・・・・・・・・・・・・・・・・・・・・・・・・・・・・・・・・・・

　みのや雅彦さん──。

　みのや雅彦さんは、北海道・羽幌町生まれ。フォークシンガーの松山千春に憧れて、高校時代に北海道のラジオ局主催のオーディションに参加します。

　その後、1981年にシングル『白い嵐』でデビュー。ドラマ主題歌にもなった『笑えないピエロ』（1983年）でヒットを飛ばします。その他にも、長くラジオのパーソナリティも務めました。

　2021年には満60歳、デビュー40周年を迎え、まだまだ精力的に活躍している歌手です。

　近年の代表曲『最高の一日』の歌い出しの詞は、

【君の人生　君のドラマは　君が主役で　君がすべてさ

ハッピーエンド　繰り返して　何度も　最高の　一日を】。

　みのやさんの詞には魂が込められています。

EpiSode.10
継続は力なり
• •

　島田文雄先生――。

　故・島田文雄先生は、偉大なる我が恩師でした。
　教員として栗山中学校陸上部を指導すると、たちまちのうち
に南空知管内で12年連続優勝という偉業を達成。同部は全国
でも活躍する選手を数多く育て上げました。しかも、同校の
13連勝を阻んだのも、隣町の中学に転勤して陸上部の顧問に
なった島田先生その人だったのです。
　島田先生は、ただふんぞり返って生徒たちに指導することは
ありません。ご自身も生徒たちと一緒になって走りました。そ
の成果で、45歳の時には200mで24.07秒、さらには50歳
代では同24.7秒の日本記録を樹立しています。これらの記録
はおよそ40年経っても未だに破られていない、偉大なる記録
です。
　座右の銘は「継続は力なり」――。島田先生は77歳になる
まで現役で陸上を続けました。
　「続けることに意義がある。他人と比べるのではない。自分
との闘いである。『自己新記録』を目指そう。そうすることで、
おのずと力はついてくる」と語っています。

EpiSode.11
大事なことから始めよう
● ●

　「さて、今日は何から片付けていこうかな～？」

　私は毎朝、出勤する時にこんなふうに思案します。

　当たり前といえば当たり前ですが、「何をしようかな？」ではなく、「何から片付けようかな？」であることにご注意くださいね。

　大事なのは、順番です。

　これは『バケツの中の大石・小石理論』に基づきます。

　バケツの中に小石が先に入っていると、後から大きな石を入れようとしても入りませんよね。

　でも、先に大きな石を入れておけば、その隙間に、小さな石はいくらでも入ります。入り切らなければ、それらの小さな石は次のバケツに入れればよいのです。

　すなわち「大きな石」とは「近日中にこなさなければならない出来事（プロジェクトや会社、組織に関わる大仕事）」です。

　一方、「小さな石」とは「後でもできる、こまごまとした、小さな出来事（自分自身のための仕事）」です。

　同じ仕事をこなすにも、その順番を変えるだけで、いくらでも大量に、かつ重要なことから先にこなしていくことができるのです。

Episode.12
時間がある時には、自分を鍛えよう

● ●

　私の教え子に西堀亮君という高校生がいました。

　この西堀くん、教員の側からすれば、とても印象深い男子生徒でした。

　たとえば、制服のネクタイは芯を抜いて潰し、結び目をタマにして、それでも「オレ、ネクタイしているよ」というアピールをしていました。

　英語の小テストを受けた時にも、「不合格者は課題を提出すれば追加合格にする」と伝えているのに知らん顔です。

　悪さをする生徒ではないのですが、「めんどくせー」とでも言いたげな態度で、高校生として真っ当なことから逃げつつ、インパクトの強い行動をするのです。だから、やたらと目立つ存在でした。

　それから、月日が流れます。

　なんと西堀君は、テレビ番組の中で、「MAX めんどくせー！」と叫んでいました。

　彼はお笑い芸人「マシンガンズ」のツッコミとして、芸能界で活躍を始めたのです。相方はお笑いの学校で知り合った滝沢秀一さんという人です。

　マシンガンズは太田プロダクションに所属し、一時期は『爆笑レッドカーペット』で最優秀賞も獲得したほどの実力の持ち主でした。一流芸人を目指すお笑いの登竜門である『M-1グ

ランプリ』にも、２度準決勝まで進んでいました。

　しかし、お笑いの道は決して平坦ではありません。

　2012年から相方の滝沢さんは「ごみ収集会社」に正社員として就職し、芸人との二足のわらじとして活動し始めました。

　この経験を活かして「ごみ研究家」としてテレビ出演や講演を行ったり、多数の著書を出版したりするなどと、活動の幅を広げています。

　また、滝沢さんは、2020年10月９日にはそれまでの活動が評価されて、環境省により「サステナビリティ広報大使」に任命されたのでした。

　一方の西堀君は、相方の滝沢君が芸人活動を副業として以来、ごみ分別にまつわる講演などの活動が増えたため「収集員のバーター」と自虐しており、横にいるうちに分別にも詳しくなっていきました。

　そして、2020年12月、『発明学会主催 身近なヒント発明展』で靴ブラシハンガーを発明し、優良賞を受賞したのです。

　最近は俳優としても活動の幅を徐々に広げていっています。

　まさに「芸は身を助く」ですね。「時間のある時（＝売れていない時だったから）こそ、自分磨き」をした成果が、ここで花を咲かせたのでした。

　「出来の悪い生徒ほどかわいい」（失礼！）と言いますが、この「MAXめんどくせー！」西堀くんとマシンガンズを、私はこれからも応援していきます。

参考文献

「ありがとう!」
──どんなことにも感謝する。その「当たり前」はまったく当たり前ではありません!
https://www.asahi.com/relife/article/13224840

「自分で決める!」
──生活の張りと人生の充実は、主体的な行動から生まれる
https://emira-t.jp/special/1020/

「今ならまだ!」
──終わりを考えてから行動しよう! 周りの後方支援も大切
https://spice.kumanichi.com/learn/learn-feature/99883/

「そうか、じゃあ……」
──まず、相手の事情を聞いてあげて、先に相手を理解してみる
https://jwu-psychology.jp/column/post-7.html

コラム　漢字の成り立ちで考える
〈https://okjiten.jp/kanji1209.html〉
〈https://okjiten.jp/kanji2258.html〉

「今日も良い日だなあ」
──どんな日でもプラスに解釈し、さわやかな気分で一日を始める
https://diamond.jp/articles/-/126316

「サッと片付ける!」
──やると決めたら集中し、一心不乱にその任務に向かう
https://toyokeizai.net/articles/-/375810?page=3

「楽しいことが待ってるよ」
──飛行機は、向かい風を受けるからこそ高く飛び立てる
https://learn-tern.com/scotoma/#:~:text=%E3%80%8C%E3%82%B9%E3%82%AB%E3%83%88%E3%83%BC%E3%83%9E%E3%80%8D%E3%81%81%AF%E3%82%82%E3%81%A8%E3%82%82%E3%81%A8%E7%9C%BC%E7%A7%91%E7%94%A8%E8%AA%9E%E3%81%8B%E3%82%89%E6%88%BC%E3%81%88%E3%81%A6%E3%81%84%E3%81%AA%E3%81%84%E3%81%84%E3%83%9D%E3%82%A4%E3%83%B3%E3%83%88%E3%80%8D%E3%80%82

「他人は、自分の映し鏡」
──あなたが楽しそうに笑っていれば、相手も笑顔になっていく
https://www.kao-foundation.or.jp/wp/wp-content/uploads/2016/03/face03_report03.pdf

「いいところを探す」
──夫婦やカップルは一組の鏡。まずは自分自身を明るく変えてみよう
https://allabout.co.jp/gm/gc/458203/

「起きることすべてが学び」
──自分のありのままを素直に受け入れ、前向きのエネルギーを得る
https://better1life.com/self-compassion/

「親の背を見て育つ」
──子どもは親の心を反映する、素晴らしい存在なのだ
https://www.fun.ac.jp/~hanada/kokoronokagaku/clove.html

「心と身体はつながっている」
──強い身体をつくっておくことは、人生の荒波を乗り越えていくためにも大事
https://247-workout.jp/article/training-2280/

「身体の声に耳を傾けよう」
──体調の悪さやケガは、「天から与えてくれた休養」と考える
https://www.amed.go.jp/news/release_20200306-02.html

「明るさは、健康の源」
──「ニコニコ明るい人」の周りには自然と人が集まってくる
https://domani.shogakukan.co.jp/374668
https://www.earthship-c.com/psychology/psychology-of-like-or-dislike/
https://rensa.jp.net/love0359/

「人は支え合って生きていくもの」
──仲良くすることは、幸せの泉となる
https://diamond.jp/articles/-/285422

「約束を守る」
──義務、と考えるからつらくなる。お互いの利益のため、と考えよう
https://uxdaystokyo.com/articles/glossary/pre-commitment/

「働くことを楽しもう!」
──今の状況を否定的に捉えず、前向きに捉えてみるhttps://uxdaystokyo.com/articles/sixmindworking/

「モノにも生命(いのち)はある」
──感謝をして丁寧に使い、感謝をして捨てよう
https://croissant-online.jp/topics/38305/

「手放せば、入ってくる」
──処分をすれば、その分の「空き」ができる。物理的にも、精神的にも
https://ameblo.jp/anonenone007/entry-12701332884.html

「両親を大切に」
──時には、この『奇跡的な確率』の幸運に感謝する
https://cbs.riken.jp/jp/public/tsunagaru/kuroda/05/student.sguc.ac.jp/uploads/page/unit/files/37af8e0f28e91c1f6138aa18b45f7b5f.pdf

「堂々と生きる」
──自分の子どもや孫にも、恥ずかしくない態度をとろう
https://kinarino.jp/cat6-%E3%83%A9%E3%82%A4%E3%83%95%E3%82%B9%E3%82%BF%E3%82%A4%E3%83%AB/39289-%E5%BF%83%E7%90%86%E5%AD%A6%E3%81%8B%E3%82%89%E5%B0%8E%E3%81%8F%E3%80%81%E5%A0%90%E4%BE%9B%E3%82%92%E4%BC%B8%E3%81%B0%E3%81%99%E3%81%9F%E3%82%81%E3%81%AB%E8%A6%AA%E3%81%8C%E3%81%99%E3%81%B9%E3%81%8C%E3%81%991%E3%81%9F%E3%81%81%E3%81%84%E3%81%8C%E3%81%91%E3%81%93%E3%81%A8%E3%80%81%E3%81%8A%E8%A6%AA%E3%81%A8%E3%82%82%E3%83%86%E3%82%B9%E3%83%88%E4%BB%98%E3%80%8B

「志高く!」
──小さな目標を達成しながら、常に大きな目標を描こう
https://style.nikkei.com/article/DGXZZO21920610V01C17A0000000/
https://wao-koishikawa.com/reports.php?rid=34&page=2

「まずは、気持ちから!」
──信じていれば、成し遂げることができる!
https://toyokeizai.net/articles/-/172097
https://the-compass.jp/blog/way/

「自分も他人も、大切に」
──「情けは他人(ひと)のため」ではないのです
https://hc.nikkan-gendai.com/articles/277027

「人生はドラマ」
──幸せになるために脚本を変えていくのも自分である
https://mindactivation.blog/%E4%BA%BA%E7%94%9F%E3%81%AE%E3%83%A9%E3%83%B3%E3%82%AF%E3%82%A2%E3%83%83%E3%83%97/177

「継続は力なり」
──決心することは大切だが、それを続けることは、より以上に大切である
https://www.brainscience-union.jp/trivia/trivia987

「どこかに、私を待ってる人がいる」
──ダメなのはあなたではなく「あなたと今いる環境との相性」である
https://cocoro-quest.net/entry/my-place-cocoro

「そだねー」
──人間関係を円滑にするには、まず相手に同意する(例外はアリ)
https://datsumanneri.com/how-to-persuade/
https://thriveglobal.com/stories/new-neuroscience-reveals-7-secrets-that-will-make-you-persuasive/

おわりに

　いかがでしたでしょうか、【自分を元気にすることばたち　33個】。

　どれも当たり前のことばでしたが、それぞれ適した場面で用いることで、改めて活きてきますよね。

　私自身も、これらの「ことばたち」にどれほど励まされてきたことでしょう。
　そして、これらの「ことばたち」から、どれほど多くのことを学んできたことでしょう。

　人間、誰しも完ぺきな者はいません。
　私も七転八倒で、失敗だらけの人生を送っています。
　だからこそ【人は悲しみが多いほど、人には優しくできる】のでしょうし、【日本のどこかに、私を待っている人がいる】と、自分自身を励ましてこれたのです。

　もう1つ、

　【暗いと不平を言うよりも、すすんで明かりをつけよう】

　ということばも、私の座右の銘の1つです。
　何事も自分から積極的に動いていくことで、事は成し得ていくのです。

　世の中にはさまざまな指南書があります。

その中には、かなり当たり前のことが記されているものが数多くあります。
この本も、おそらくご多分には漏れないでしょう。
本当にありふれたことばたちが、散りばめられていますよね。

　……でも、どうでしょうか。
　当たり前であっても、面と向かって、相手にそれらのことばたちを向けることができていますか。
　人間関係を、お互いに高め合えていますか。

　また、自分自身を元気づけ、勇気づけるために、常に口に出せている 【座右の銘（元気になることば）】 を、あなたは持ち得ていますか？

　もしも、ふと、そのような場面で立ち止まってしまった時に、この本は、きっとあなたの立場を優しく後押ししてくれることでしょう……。

　当たり前の「ことばたち」だからこそ、改めて見つめ直すことで、新たな発見が生まれてくるものです。

　だからこそ、【当たり前　が　新しい】 のでしょうね。

　そんな気持ちで、前向きに立ち向かってみませんか。

　最後になりましたが、本書を発刊するにあたり、企画から刊行まで、本当に親身になって取り組んでくださった、クローバー出版の田谷裕章編集長、

本文に似合うめんこいイラストを選んでくださった坂本京子さん、そして、「節分」の時期よりもずっと前から、「拙文」を何度も何度も読みやすいように編集してくださった津田兵庫さんに、多大なる感謝を述べたいと存じます。さらには、「私」を発掘してくださった、クローバー出版、同郷の小川泰史会長と、小田実紀社長にも、同じく感謝を申し上げます。

　また、本書を世の中に送り出すべく、物理的な面で大いにご支援をくださったライフサイクル㈱代表取締役社長の原田実氏・友美氏をはじめとする、ご声援をくださった皆々様（P.156「本著の刊行に際して、ご支援をくださいました皆様」）にも心から感謝を申し上げます。

著者　山西敏博　拝

著者　山西 敏博　活動紹介

【講演】これまでの講演地域（2022年6月現在）
＜地域＞　国内：36都道府県・海外：延べ8ヵ国、地域

【北海道】札幌市・釧路市・網走市　他　延べ9市町
【東　北】宮城県・秋田県
【関　東】東京都・埼玉県・神奈川県・千葉県・栃木県・茨城県・群馬県
【甲信越】山梨県・新潟県・福井県・富山県・長野県
【中　部】愛知県・静岡県・三重県
【近　畿】大阪府・京都府・兵庫県・奈良県
【中　国】広島県・岡山県・鳥取県・島根県
【四　国】愛媛県・高知県・徳島県・香川県
【九　州】福岡県・熊本県・鹿児島県・佐賀県・大分県
【沖縄県】宮古島・石垣島
【海　外】アメリカ・カナダ・イギリス・オーストラリア・グアム・韓国・中国・イン
　　　　　ド・アイスランド

ご講演ご依頼のお申込み（全国どこへでも、喜んで参ります）

【e-mail】ezm11541@nifty.ne.jp

【電　話】080-3237-0225（担当：佐藤）

＊以下の8点について、ご連絡ください。

①日時・場所

②対象者・ご参加人数

③主催講演者　名称

④講演テーマ、内容・イベントタイトル

⑤講演費用（含む交通費・宿泊費）ご予算　（＊要ご相談）

⑥プロジェクターのご用意

⑦著書販売は可能か

⑧ご担当者様　ご連絡先（アドレス・電話）

一般の方々向け講演 　【講演内容】：（これまでの主なテーマ）

① 「童謡」を通じて、ほっこりしましょう！【童謡メンタルセラピー】
（日頃がんばっている方に、「童謡」で、心に癒やし・元気を）

② オトナへの「絵本」って、楽しいな！【絵本セラピー】
（日頃がんばっている方に、「絵本」で、心に癒やし・元気を）

③ 【日本列島徒歩縦断】にみる、日本歩いて、人情と出会った！
ニッポン、さいこう（最高・最幸・再考）！

④ 【海外45か国・地域　放浪】にみる、世界を歩いて、人々と出会った！
セカイ、さいこう（最高・最幸・再考）！

⑤ 【七転八倒の大学教授】：延べ20年間で240もの大学に落とされながら、いかにして諦めずに立ち向かっていったか、≪大学教授≫になるまでの「きせき」（軌跡・奇跡）

⑥ 【TOEIC　対策講座】：えっ!?　たった3ヵ月で≪200点≫上昇!?
（「マークシート方式」英語問題で、問題作成者の立場に立ちながら、効率よく正答を見つけ出す方法）

学校向け講演

中学生・高校生、教員対象
『らくらく 英語テスト & らくらく Reading/Listening！』シリーズ

① 【四者択一英語問題】（英検・共通テスト）に対応する、認知心理学に基づいた効率的な学習
対処方法：えっ!?　半年で60点 から≪160点≫に!?
（「マークシート方式」英語問題・TOEIC で、問題作成者の立場に立ちながら、効率よく正解を見つけ出す方法）

② 【速読（電光掲示板方式読解方法）で、英語学習力　大幅アップ！
えっ!?　≪共通テスト≫（Reading80分）が、≪60分≫で解ける？
【速聴（3 Round Systems & Hyper Listening）】で、英語学習力　大幅アップ！
えっ!?　≪共通テスト≫（Listening：100点）で、≪100点満点≫が取れる!?

『楽しもう、英語授業！』シリーズ

① 【4コマ漫画】を活用して、楽しもう！英語の授業！ 新聞の「4コママンガ」が、思わぬ教材に！

② 【時事問題】を活用して、楽しもう！英語の授業！
　　日本語の新聞記事を用いて、さらに英字新聞からの Reading へ

③ 【CLIL（内容言語統合型学習）】 を活用して、楽しもう！ 英語の授業！
　　英語で学ぶ 『数学・理科・技術・美術』とは？

④ 【Cooperative Learning（共同学習）】 を活用して、楽しもう！
　　英語の授業！ 英語を用いて、グループで活動・発表、その方法　とは？

その他

【童謡メンタルセラピー　講師養成講座】
https://intmusic-therapy.jp/join
さあ、あなたもともに　≪童謡メンタルセラピスト≫　に！

著書：【道産子が歩（ゆ）く】静山社（1990 年）
　　　【童謡で絶対元気になれる！－心揺さぶる『童謡メンタルセラピー』とは】
　　　ユナイテッド・ブックス（2018 年）

他著書延べ 65 冊

講師登録サイト (参考)

*ご講演のご依頼は、
　【山西敏博宛（ezm11541・080-3237-0225：担当　佐藤）】に、
　直接ご連絡ください。

● 講演依頼.com
　　https://www.kouenirai.com/profile/9872

● システムブレーン
　　https://www.sbrain.co.jp/keyperson/K-16111.htm

● KADOKAWAセミナー
　　https://studywalker.jp/lecturer/detail/547/

● 講師セレクト
　　https://www.koushi-select.com/list/2020211106-000002/

本著の刊行に際して、
ご支援をくださいました皆様 （五十音順：敬称略）

＊書面に掲載予定であった方々も含む。
（ ）は、「ことばの達人」内または本文内で掲載された方々の名称

● 明楽みゆき（みゆきさん）【チェンバリスト　FMしろいしパーソナリティ】
　チェンバリスト明楽みゆきの浪漫紀行 – エフエムしろいし（FM83.0）（毎週金曜日14時）

● 網野千鶴（ちづるさん）【光画堂　地笑写真館】
　http://www.kougadou-chie.com/?fbclid=IwAR2hSrEXOcDy2-
　IjToOzF0st2wVIjJXRYpQ3o1D_NBiGx-CQJeDI4CpGhFA

● 有本恵（メリーさん）【フィリピン セブ島で4人の子供たちを育てていた母】
　https://www.facebook.com/merry.cebu

● 五十嵐恵美子　【シンクロニシティ研究会】
　https://www.maya260.com/adviser_profile.php?id=387

● 今村正美（イママサ）【日本一周自転車旅人＋47都道府県最高峰登頂者】
　https://news.1242.com/article/221617

● 上田美保子・恒彦　【㈱上田】
　03-5876-2760

● 内野明美　【やまとしぐさ】はぐくみ伝承者
　https://yamatoshigusa.or.jp

● 内山久美子（KUMIKO）【マインドアクティベーション®】コーチ
　http://mindactivation.org/#welcome

● 宇野稚枝子
　【㈲宇野設計工房　UNO Music Officeゆめのたね東日本ラジオパーソナリティ】
　（毎週日曜日14時30分）
　https://www.yumenotane.jp/happy-world
　https://www.uno-chieko.com/

● 大島修治（しゅうじさん）【ジェイコスモ㈱】
　https://www.j-cosmo.net/

● 岡田純子　【Power of Voice】
　https://instagram.com/jun_okada88?igshid=YmMyMTA2M2Y=

● 岡野誠　【㈱岡野コーティング】
https://www.okano-c.co.jp/

● 勝田吉彰　【関西福祉大学 教授】
https://www.kusw.ac.jp/professorpost/katsuda_yosiaki

● 金子和彦（かずさん）【㈱金子機材】
http://www.kan-eco.co.jp/greeting.html

● 狩野土　【㈱黒姫和漢薬研究所】
https://www.kwk-kurohime.com/corporate-guide/philosophy-topmessage

● 川上美保（みほさん）【㈲オフィス　フォーハウト】
http://www.fouhut.co.jp/

● 上林健一　【㈱日本実業出版社 顧問】
https://www.njg.co.jp/

● 木下とよ子（とよこさん）
【パラマナンダ　童謡メンタルセラピスト ゆめのたね西日本ラジオパーソナリティ】
（毎週金曜日8時30分）
https://paramananda-grp.com/

● 木村珠樹　【住まいのパートナーきむら】
https://www.facebook.com/tamaki.kimura.54

● 清金誠司　【㈱セイコー自動車】
https://carseiko.co.jp/company/

● 齋藤雄二（ゆうさん）【ますや米店】
http://yuji32806.blog52.fc2.com/

● 酒井幸洋　【㈱アーバン】
https://www.sh-urban.com/

● 佐藤昌宏　【元　東海大学付属望星高等学校教頭・現　家庭倫理の会足立区綾瀬支部長】
https://www.rinri-jpn.or.jp/katei/

● 佐原総将　【靴磨き　日本＆世界への自転車旅】
https://readyfor.jp/projects/SoshoLANDintheworld

● 島田文雄（島田文雄先生）
【元 50代陸上100m日本記録保持者・200m日本タイ記録保持者・中学カリスマ英語教師】
https://japan-masters.or.jp/site_data_branch/files/1/2021_Hokkaido_record.pdf

- ● 新出 章弘 【宝石温熱岩盤浴サロン　好転】
  kohten137@gmail.com
- ● 関坂真紀子　ヒーリングサロン【るらーしゅ】
  https://home.tsuku2.jp/storeDetail.php?scd=0000201702
- ● 高橋美紀子　【前 青森県黒石市市議会議員・孫内あつしクレヨン画工房 取締役/学芸員】
  https://a-magonai.jp/
- ● 高森伸子　【チェリー　ヘアメイク】
  https://cherry-style.net/
- ● 武下浩紹　【楽農ファーム　たけした】
  https://takeshita-farm.com/
- ● 竹田護（まもるん）【竹田塾】
  https://www.facebook.com/search/top?q=%E7%AB%B9%E7%94%B0%E5%A1%BE
- ● 竹中篤
  50代後半で「日本列島徒歩縦断」を決行（2022）
- ● 谷香陽子　【KTウエルネス】
  https://www.facebook.com/tani.kayoko.75/
- ● 辻千絵　【ピアニスト　童謡メンタルセラピスト】
  http://tsuji-piano.com/profile.html
- ● 土屋公三（公三氏）【㈱土屋ホールディングス 元会長】
  https://www.tsuchiya.co.jp/
- ● 鶴丸彰紀　【ミリオンテック】
  http://bweb-mt.com/
- ● 中川晃二　【お部屋倶楽部】
  https://oheyaclub.co.jp/
- ● 長崎聡子　【Recreate】
  https://profile.ameba.jp/ameba/peko3105
- ● 中園朝子（あさこさん）【㈱九州自然環境研究所】
  http://shizenken.com/
- ● 長田伸夫（のぶ先生）【ひらおか公園小児科】
  https://kohjinkai-healthcare.com/hiraokakohen/about.html

● 西 邦隆
https://www.facebook.com/kunitaka.nishi/

● 野澤有希 【上越教育大学】
https://jglobal.jst.go.jp/detail?JGLOBAL_ID=201401043707657137

● 野島洋子 【㈲超ミネラル総研】
https://www.37kenkou.com/

● 萩原俊彦 【㈱Office T】
t.hagiwara@officetoshi.com

● 長谷川のぞ美・夢美 【笑風】 絵本よみきかせ

● 林弘樹 【東光ストア真駒内店】
http://www.arcs-g.co.jp/group/toukou_store/shop/?id=87

● 平中良和　50代後半で「東大法科大学院」学生 【㈱Kabuto Investments】

● 平野邦彦 【OJコーポレーション】
https://www.ossama-japan.com/

● 星孝幸 【オープンマインド】
hoshi1726@gmail.com

● 星澤幸子
【『星澤クッキングスタジオ』
『奥様ここでもう一品』(札幌テレビ月－木:17時25分)ギネス記録保持者 料理研究家】
https://hoshizawa-s.com/

● マシンガンズ(西堀君) 【太田プロ】
https://www.ohtapro.co.jp/talent/machineguns.html

● 松野三枝子(みえこさん)
【東日本大震災復興支援をして、ステージ４のがんを克服した、元がん患者】
https://www.chichi.co.jp/info/chichi/pickup_article/2020/04_matsuno

● みのや雅彦(みのやさん)
【シンガーソングライター・旭川FMりべーるラジオパーソナリティ】(毎週日曜日15時)
http://www.mminoya.net/top.html

● 宮田博文 【宮田運輸】
https://www.miyata-unyu.co.jp/

● 村岡信子　【人と愛犬の教室】
　　https://d--member.com/school/mananddogclassroom

● 元吉正幸　【元吉接骨院】
　　https://nanpudo.net/

● 山浦かおる　【長野大学講師】
　　 https://www.nagano.ac.jp/

● やましたたかし　【「局長サンへ、いらっしゃーいゆめのたね・西日本」】（毎週土曜日23時）
　　https://www.yumenotane.jp/kyokucyosanhe-irassyai

● 山西忠良（ただよしさん）　【北海道開拓の村 ボランティアガイド 毎日13kmを歩く85歳】
　　https://www.kaitaku.or.jp/

● 山元雅信（山元先生）　【山元学校】
　　https://yamamotogakko.jp/

● 渡辺恵知子　【コリとり リンパさろん　プチローズ】
　　 https://petitrose.online/

特に大きくご支援を頂いた方々

（五十音順：敬称略）

★ 井出あゆみ
　親切で優しい【介護付き有料老人ホームサンパレスときわぎ】施設長
　https://kaigo.homes.co.jp/facility/basic/f=55203/
　（長野県上田市）　0268-29-1165

★ 今井真路　日本を、世界を元気に、未来を笑顔に
　【㈱I.S.　コンサルティング】代表取締役社長
　https://is-consulting.co.jp/
　（兵庫県神戸市）　078-230-4881

★ 及川善祐（ぜんゆうさん）　創業明治13年　東日本大震災から復活！【及善蒲鉾店】
　代表取締役会長　https://oizen.co.jp/
　（宮城県南三陸町）　0226-46-2048

★ 大須賀優子
　美容と健康をケアさせて頂くために生まれたエステティックサロン【リーフ】経営者
　https://www.ekiten.jp/shop_1199205
　（静岡県袋井市）　0538-44-0101

★ 加藤正則
　あたたかい絆を未来へつなぐ　葬儀社【メモリー】　代表取締役社長
　https://ansinsougi.jp/s4128
　https://osoushikikensaku.jp/shop/%E3%88%B1%E
　3%83%A1%E3%83%A2%E3%83%AA%E3%83%BC/
　（秋田県大仙市）　018-892-2600

★ 川田龍平　【参議院議員】厚生省（当時）
　「薬害エイズ」原告（ご推薦文ご執筆者）
　https://ryuheikawada.jp/（東京都千代田区）

★ 神澤享裕　大手出版社【Book 21】（韓国）代表取締役
　http://www.eiji21.com/
　㈱インキュベーション 代表取締役社長（大韓民国ソウル市）

★ 工藤優太
　家に居て痛くない整体が受けられる、出張整体！！【工藤整体院ゆとり】院長
　https://www.facebook.com/yuta.kudo.311/?locale=ja_JP
　（長野県御代田町）　080-5140-3383

★ 児島充子（めい先生）　行列のできる英語翻訳 大学受験英語！　おまかせください
　【㈱ スタジオメイ　外国語スクール】代表取締役社長
　http://e-may.net/index/
　（北海道札幌市）　011-621-3263

★ 佐久間清美 【ハッピーマジック】代表
https://www.facebook.com/profile.php?id=100019012170103（福島県矢吹町）

★ 田中肇
あなたの人生と経営を応援するビジョン実現コンサルタント
【たなか経営研究所】所長
https://vikwickvik.wixsite.com/tanaka-keiei
（神奈川県横浜市）　045-788-5525

★ 西田武治　創立昭和36（1961）年の老舗【永明社印刷所】代表取締役社長
https://kougyou.chinoshi.jp/search/search.cgi?page=details&tn=929
（長野県茅野市）　0266-72-2202

★ 原田実　すべてはあなたの実りある未来のために【ライフサイクル㈱】
代表取締役社長　https://life-cycle.jp/
（大阪府大阪市）　06-6937-5755

★ 正木小雪　人に関することはお任せください
【ベンチャーパートナーズ社会保険労務士法人】
特定社会保険労務士　人事コンサルタント
https://www.vp-sha.com/
（北海道札幌市）　011-633-7093

★ 松倉美樹
【なりたいヒーローになろう】パフォーマンサー
https://www.youtube.com/watch?v=iCS_f6JiA1c
一度きりの人生を自分らしく生きるための総合プロデュース
【㈱M＆Mサプライズ】代表取締役社長
http://mm-surpriz.co.jp/
（富山県黒部市）　0765-54-0938

★ 水谷謹人（もりひと）
心揺るがす【日本講演新聞】魂の編集長　㈱宮崎中央新聞社社長
https://miya-chu.jp/
（宮崎県宮崎市）　0985-53-2600

★ ヤセ騎士　【講演家 お笑い芸人 ダブルキッシーズ】（ご推薦文ご執筆者）
https://www.facebook.com/Yasenaito.Official/
https://yasenaito.jp/

★ 山脇 健司（ケンさん）「全ての人の人生を輝きに変えるJapan SBA」
【（一社）Japan Social Beauty Academy】理事長
http://j-sba.jp
marukatsu202@gmail.com
090-3260-5206

著者略歴

山西 敏博
やまにし　としひろ

北海道　札幌市生まれ。

【熱血・感動】講演家。国際音楽メンタルセラピスト協会会長。童謡コンシェルジュ・童謡メンタルセラピスト。長野大学教授。

ハイデルベルグ大学大学院（アメリカ）修了。大阪大学大学院言語文化研究科博士後期課程満期単位取得。

日本列島徒歩縦断（1986 年）、旧東海道探索（1984 年）、旧中山道探索（2021 年）、日本国内全 47 都道府県、海外 45 ヵ国・地域放浪

著書：『道産子が歩（ゆ）く』静山社（1990 年）、『童謡で絶対元気になれる！―心揺さぶる「童謡メンタルセラピー」とは』ユナイテッド・ブックス（2018 年）。『トータル・イングリッシュ（共著）』大阪大学出版会（2009 年）、『GENIUS 和英辞典（第 2 版）』大修館書店（2003 年）、『GENIUS 英和大辞典』大修館書店（2001 年）、『人文社会科学とコンピュータ』成文社（2001 年）他、共著含め、著作延べ 65 冊。

装丁・本文デザイン／宮本紗綾佳
イラスト／佐藤右志
校正／永森加寿子
編集／Clover出版 編集部

メンタルセラピストが教える
自分を元気にすることば

初版1刷発行●2023年6月22日

著者	山西敏博
発行者	小川泰史
発行所	株式会社Clover出版
	〒101-0051
	東京都千代田区神田神保町3丁目27番地8 三輪ビル5階
	TEL 03-6910-0605
	FAX 03-6910-0606
	http://cloverpub.jp
印刷所	日経印刷株式会社

本書の内容に関するお問い合わせは、info@cloverpub.jp宛にメールでお願い申し上げます。